Erzgebirge

10 „SUNLIGHTS" – DIE REISEHÖHEPUNKTE

Schloss Augustusburg (S. 62)
Ein kurfürstliches Jagdschloss als Museumstempel rund um den königlichen Alltag, hochherrschaftliche Kutschen und PS-starke Zweiräder.

August-Horch-Museum (S. 109)
Von Luxuslimousinen der Marke Horch über DKW und Trabant bis zum VW-Werk in Mosel: sächsische Automobilgeschichte kompakt.

Markus-Röhling-Stolln (S. 36)
Spannende Spurensuche dort, wo sich vor Jahrhunderten Knappen mit Hammer und Schlägel auf der Suche nach Silbererz ihren Weg durch den Fels bahnten.

Manufaktur der Träume (S. 37)
Erzgebirgische Volkskunst von gestern und modernste Museumstechnik von heute – ein Erlebnis für alle Sinne.

Fichtelbergschwebebahn (S. 67)
Die älteste Seilschwebebahn Deutschlands bringt seit rund 90 Jahren zuverlässig kleine und große Besucher auf Sachsens höchsten Gipfel.

10 „SUNLIGHTS" – DIE REISEHÖHEPUNKTE

terra mineralia (S. 79) 8
Die Welt glitzernder Mineralien in allen Farben des Regenbogens zusammengetragen von allen Kontinenten.

Freiberger Dom (S. 79) 7
Im Dom warten die berühmte Silbermannorgel und ebenso die kunstvolle Tulpenkanzel auf Besucher.

Uhrenmuseum Glashütte (S. 87) 6
Wo Uhren mehr kosten können als ein Mittelkasse-Pkw und eine Stadt von der festgehaltenen Zeit lebt, gibt es für ein Uhrenmuseum mehr als einen guten Grund.

Sommerrodelbahn (S. 93) 5
Auf 733 Metern geht es rodelnd bergab – wunderschöne Ausblicke garantiert!

Erzgebirgisches (S. 91) 4
Spielzeugmuseum Seiffen
Dem Reifendreher über die Schulter schauen und im historischen Ambiente sehen, wie die Erzgebirgler früher lebten.

INHALTSVERZEICHNIS

I) WILLKOMMEN IM ERZGEBIRGE 6
- Willkommen im Erzgebirge 6
- Steckbrief....................................7

II) REISEVORBEREITUNG 8
- Die besten Reiserouten 8
- Übernachten 12
- Essen und Trinken 14
- Sport und Freizeit.............................16
- Praktische Reiseinformationen von A bis Z 18

III) LAND & LEUTE 22
- Kunst & Kultur...............................22
- Feste & Feiern 24
- Natur & Umwelt 28

IV) UNTERWEGS IM ERZGEBIRGE 32
- **Annaberg-Buchholz und die Mitte** 32
  Annaberg-Buchholz S. 32, Mildenau S. 38, Schlettau S. 38, Tannenberg S. 40, Scheibenberg S. 41, Geyer S. 42, Ehrenfriedersdorf S. 45, Thermalbad Wiesenbad S. 46, Marienbad S. 48
- **Im Vorland – Zwischen Burgen und Schlössern** ...52
  Zschopau S. 52, Thum S. 54, Gelenau S. 55, Drebach S. 57, Wolkenstein S.59, Grünhainichen S. 61, Augustusburg S. 62, Oederan S. 64
- **Das obere Erzgebirge – Raues Klima auf dem Kamm** ...66
  Oberwiesenthal S. 66, Breitenbrunn S. 70, Johanngeorgenstadt S. 72, Bärenstein/Königswalde S. 74, Jöhstadt S. 74, Sehmatal S. 75, Crottendorf S. 76
- **Das östliche Erzgebirge – Rund ums Spielzeugland** ...78
  Freiberg S. 78, Brand-Erbisdorf S. 80, Sayda S. 82, Frauenstein S. 83, Rechenberg-Bienenmühle S. 84, Dippoldiswalde S. 86, Glashütte S. 87, Altenberg S. 88, Seiffen S. 89, Neuhausen S. 93, Deutschneudorf S. 94, Olbernhau S. 95, Pockau S. 96, Lengefeld S. 97, Pobershau S. 98, Großrückerswalde S. 99
- **Der Westen – Landwirtschaft und Industrie**.....100
  Aue S. 100, Eibenstock S. 101, Bad Schlema S. 103, Schneeberg S. 104, Schönheide S. 106, Stollberg S. 106, Oelsnitz/Erzgebirge S. 107, Lichtenstein S. 109, Schwarzenberg S. 111, Zwönitz S. 113, Waschleithe S. 114, Raschau/Markersbach S. 115,

V) WANDERN IM ERZGEBIRGE 116
- **1 Auf Nussknackers Spuren –**
  (mittel, 15 km, 4:00 Std.)......................116

ERZGEBIRGE

2 Per Pedes zum Schloss –
(leicht, 8 km, 2:15 Std.) 119

3 Wildromantisch zum Katzenstein –
(mittel, 17 km, 4:00 Std.) 122

4 Durch die Wolkensteiner Schweiz –
(mittel, 20 km, 5:00 Std.) 126

5 Grenzweg und Faszination Kleinbahn –
(leicht, 10 km, 2:45 Std.) 130

6 Mit Volldampf ins Tal –
(leicht, 12 km, 3:00 Std.) 134

7 Erzgebirge ganz oben –
(mittel, 13 km, 3:45 Std.) 138

8 Hoch hinaus, tief hinab –
(mittel, 17 km, 4:00 Std.) 142

9 Erzgebirge im Kleinformat –
(leicht, 15 km, 3:30 Std.) 146

10 Auf Anton Günthers Spuren –
(mittel, 18 km, 4:30 Std.) 150

11 Hochmoor und Aussichtsberg –
(leicht, 17 km, 4:00 Std.) 154

12 Das Pumpspeicherkraftwerk Markersbach –
(mittel, 28 km, 7:00 Std.) 158

13 Steinbachtalwanderung –
(mittel, 16,5 km, 3:30 Std.) 162

14 Zwischen Bergbau und Prinzenraub –
(mittel, 19 km, 3:50 Std.) 164

VI) RADWANDERN 168

1 **An der Mulde abwärts** – (schwer, 42 km, 6:00 Std.) 168
2 **Auf Taltour durchs Gebirge** – (mittel, 39 km, 5:00 Std.) . 171
3 **Rund um Seiffen** – (leicht, 25 km, 3:30 Std.) 174
4 **Aufs Dach Sachsens** –
(mittel, 45 km, 5:00 Std.) 177
5 **Wildromantische Täler und dampfende Rösser** –
(mittel, 85 km, 4:00 Std.) 180
6 **Zwischen Felsen und Badespaß** –
(mittel, 40 km, 5:00 Std.) 183
7 **Museumstour mit dem Rad** –
(mittel, 29 km, 3:30 Std.) 186

■ Tourenübersicht 188
■ Register 190
■ Bildnachweis 191
■ Impressum 192

WILLKOMMEN IM ERZGEBIRGE

Erzgebirge
Traditionen zwischen Bergbau und Volkskunst

Es waren arme Bauern aus Franken, die vor etwa 1000 Jahren begannen, erste Siedlungen im Miriquidi, dem Dunklen Wald, zu errichten. Den ersten Siedlern folgten schon bald Bergleute und Glückssucher, denn recht schnell hatte sich herum gesprochen, dass es dort, wo noch Bären und Wölfe hausten, reichlich Silbererz geben sollte.

Was hat das Erzgebirge, was andere Regionen nicht haben? Warum zieht es Jahr für Jahr mehr Touristen in die Städte und Gemeinden zwischen Zinnwald und Schneeberg? Es sind nicht nur die oft sanften, manchmal aber auch wildromantischen Täler und ebenfalls nicht nur die Berge, die es ja gerade mal auf etwas mehr als 1.200 m ü. NN bringen. Seen und Talsperren, die im Sommer für zusätzliche Erfrischung sorgen, gibt es auch anderswo. Es sind wohl vor allem die großen Traditionen der über viele Jahrhunderte gewachsenen Kulturlandschaften, die man so konzentriert auf so engem Raum nirgendwo sonst in Europa findet. Traditionen basierend auf dem Bergbau, der dem Erzgebirge nicht nur seinen Namen gab, sondern bereits vor Jahrhunderten Menschen in die damals unwirtlichen Täler des Dunklen Waldes (Miriquidi) lockte.

In den Bergbaustädten Freiberg, Marienberg, Annaberg und Schneeberg berichten Museen und Schaubergwerke über das schwere Los der Bergknappen in vergangenen Jahrhunderten. Da wird die harte Arbeit unter Tage ebenso lebendig, wie der nicht weniger harte Alltag der Bergleute und ihrer Familien. Entstanden aus der Not der Hauer und Knappen, die sich durchs

ERZGEBIRGE

Schnitzen und Drechseln ein wenig Geld dazu verdienen mussten, ist die erzgebirgische Volkskunst heute über die Landesgrenzen hinaus fester Bestandteil weihnachtlichen Brauchtums. Die Schauwerkstätten, in denen man den Kunsthandwerkern über die Schultern schauen kann, gehören zu einem Erzgebirgsbesuch unbedingt dazu. Und auch das, was flinke Frauenhände auf den Klöppelsäcken entstehen lassen, die meisterhaften Klöppelspitzen, gehört zu den alten Traditionen. Denn mit diesem Handwerk, das von Barbara Uthmann im 16. Jahrhundert ins Erzgebirge gebracht wurde, konnten auch die Frauen zum Lebensunterhalt beitragen. Im Gegensatz zu heute war damals oft Schmalhans Küchenmeister, und es gab viele Münder zu stopfen. Heute ist die bodenständige Erzgebirgische Küche mit ihren deftigen, zumeist auf Kartoffeln basierenden Gerichten ein weiterer guter Grund, in die Region zu reisen. Und, das sei noch dazu gesagt, wenn auch die Wochen vor dem Fest das Weihnachtsland besonders strahlen lassen, auch in den anderen Monaten abseits von Weihnachten kann man das lebendige Brauchtum und die Volkskunst erleben. Dann sogar mit mehr Ruhe und Muße.
Übrigens: Man sagt den Gebirglern gern nach, sie seien „hart, aber gemütlich". Da mag sicher ein Fünkchen Wahrheit dahinter stecken. Aber ob dieses Vorurteil stimmt, prüfen Sie am besten selbst.

STECKBRIEF

Lage:
▶ Südwestlich der Landeshauptstadt Dresden

Fläche:
▶ Das Erzgebirge zieht sich fast 140 km entlang der Grenze zur Tschechischen Republik und ist auf deutscher Seite etwa 40 km breit

Verwaltung:
▶ Das Erzgebirge gehört zum Freistaat Sachsen und umfasst Teile der Landkreise Erzgebirgskreis, Mittelsachsen und Sächsische Schweiz/Osterzgebirge

Einwohner:
▶ Etwa 600.000 Einwohner – wobei, je nach Sichtweise, auch gern Zwickau und Chemnitz mit mehr als 300.000 Einwohnern dazu gezählt werden

Höchster Berg:
▶ Auf deutscher Seite der Fichtelberg (1.215 m. ü NN) auf tschechischer der Keilberg/Klinovec (1.244 m ü. NN)

Natur:
▶ Mittelgebirge mit sanften Bergen und weiten Tälern
Naturpark „Erzgebirge-Vogtland", Gesamtfläche 1495 qkm

Klima:
▶ Jahresdurchschnittstemperatur knapp 9 Grad Celsius, große Klimaunterschiede zwischen dem Vorland und den recht rauen Kammlagen

Tourismus:
▶ Etwa 3 Mio. Übernachtungen im Jahr, hinter Dresden Tourismusmagnet Nummer 2 im Freistaat und als Weihnachtsland Erzgebirge der Besuchermagnet in der Adventszeit

REISEVORBEREITUNG

Erzgebirge kompakt
Die besten Reiserouten

Das touristische Angebot des Erzgebirges ist so vielfältig, dass es lohnt, sich auf eine spezielle Region bzw. einen speziellen thematischen Schwerpunkt zu konzentrieren. Ob tief hinein in den Berg oder hinauf auf das Dach Sachsens – für fast jeden Geschmack ist das Richtige dabei. Die Ziffern in den Karten zeigen, wo die jeweiligen Ausflüge hinführen.

Tour: Zwei Tage auf Bergbauspuren

Es gibt verschiedene Möglichkeiten, Bergbauspuren zu erkunden. Wer es aber ganz kompakt mag, ist in und um Annaberg-Buchholz genau an der richtigen Stelle. Er kann seine „Zelte" in einer der gemütlichen Pensionen der Stadt aufschlagen und dann gleich, mitten im Zentrum, seine Erkundungstour beginnen. Es ist vielleicht unerwartet, doch bereits eine Besichtigung der Annenkirche lässt den Bergbau nicht außen vor. Nicht nur, dass dieses Meisterwerk der Spätgotik seinen Ursprung dem „Bergkgeschrey" verdankt, denn der Silberbergbau hatte Geld in die Stadt gebracht, sondern sie beherbergt in einer der schönsten Hallenkirchen des Erzgebirges auch einen ganz besonderen Schatz: den Bergaltar des Hans Hesse. Waren es zu dieser Zeit sonst hauptsächlich biblische Szenen, die von den Malern auf Leinwand gebracht wurden oder Porträts von Fürsten und Königen, zeigt der Bergaltar den schweren Arbeitsalltag der Bergleute im 16. Jahrhundert. Hier erhält man einen bildhaften Eindruck davon, wie es Untertage ausgesehen haben mag. Wer sich nun selbst ein Bild

DIE BESTEN REISEROUTEN

davon machen will, braucht nur schräg über die Große Kirchgasse zu gehen. Direkt im Innenhof des sehenswerten Erzgebirgsmuseums geht es hinab in die dunkle Tiefe des Berges. Das Besucherbergwerk „Zum Gößner" gestattet es, auf den Spuren der Altvorderen zu wandern. Durch Zufall wurde direkt unter dem Museum ein 500 Jahre altes Gangsystem entdeckt, das aus der Zeit stammt, als das Große Bergkgeschrey durchs Gebirge hallte. Eine 260 m lange Rundgangsstrecke ist für Besucher zugänglich gemacht worden. Das nächste Ziel sollte das Besucherbergwerk Markus-Röhling-Stolln im Ortsteil Frohnau sein. Hier geht es auf schmaler Spur in den Berg. Im Markus-Röhling-Stolln sind nicht nur Spuren des Altbergbaus zu besichtigen, hier hat auch die SDAG Wismut auf ihrer Suche nach Uranerz deutliche Spuren hinterlassen. Auf dem Rückweg wartet der Frohnauer Hammer, ein historisches Hammerwerk, auf seine Besucher. Im Frohnauer Hammer wurde unter anderem der Schreckenberger geprägt, eine Silbermünze, die im 16. Jahrhundert ein beliebtes Zahlungsmittel nicht nur in Sachsen war. Den Tag 2 könnte man mit einem Abstecher in die Manufaktur der Träume starten. Zwar geht es dort nicht direkt um den Bergbau, doch das Erzgebirgische Kunsthandwerk, das dort die Hauptrolle spielt, findet seinen Ursprung letztlich auch im Bergbau. Nachdem der Silberbergbau nach und nach zum Erliegen

kam, mussten sich die Bergleute neue Erwerbsquellen suchen. Viele griffen zum Schnitzmesser oder zum Drechseleisen…
Am Nachmittag geht es in den Ortsteil Cunersdorf. Das Besucherbergwerk Dorothea Stolln/Himmlisch Heer ist wohl das rustikalste in Annaberg-Buchholz. Mehr als andere hat sich dieses bergmännische Kleinod seine Ursprünglichkeit erhalten. Überall stößt man auf die Spuren von Hammer und Schlägel, mit denen die Bergleute früherer Jahrhunderte dem harten Fels das Silbererz abgerungen haben. Hier wurde nicht nur Silber, sondern später auch Kobalt- und Nickelkerze sowie Pechblende abgebaut. Höhepunkt einer Führung ist eine kleine Bootsfahrt unter Tage.

Tour: Ein Tag im Spielzeugland

Nicht nur als Weihnachtsland hat sich das Erzgebirge einen Namen gemacht, sondern auch als Spielzeugland, wobei die Übergänge zwischen erzgebirgischer Volkskunst und Spielzeug teils schon fließend sind. Die uneingeschränkte „Hauptstadt" des Spielzeuglandes ist Seiffen, das kleine Dorf im östlichen Erzgebirge. Es waren ebenfalls Bergleute, die auf der Suche nach neuen Erwerbsquellen mit der Produktion von Holzspielwaren ihr tägliches Brot verdienten. Besonders all das, was auf den Drechselbänken entstand, ging schon bald in die weite Welt hinaus. Seiffener Spielzeugmacher waren auch auf der Leipziger Messe

REISEVORBEREITUNG

mit ihren Waren gern gesehene Gäste. Gerade bei gedrechselten Tieren, gefertigt von Reifendrehern, kam es zu einer großen Massenproduktion. Wer selbst sehen will, wie aus unscheinbaren Holzreifen Tiere aller Art entstehen und sich außerdem noch einen Überblick über das Leben im Erzgebirge Generationen zuvor machen möchte, besucht das Erzgebirgische Freilichtmuseum im Ort. Dort kann man das heute sehr seltene Handwerk des Reifendrehens hautnah miterleben. Die ganze Palette regionaler Spielwaren zeigt das Erzgebirgische Spielzeugmuseum in der Ortsmitte. Mehr als 5.000 Exponate entführen kleine und große Besucher in eine farbenfrohe Fantasiewelt aus Holz. Die ältesten Ausstellungsstücke haben über 130 Jahre auf dem „hölzernen Buckel". Ein besonderes Highlight und immer dicht umlagert ist der Winterberg „Christmette in Seiffen". Viele Besucher schwärmen besonders von den originalgetreu gestalteten Stuben aus dem Arbeitermilieu. „Benutz mich": Unter diesem Motto liegen für Kinder (und nicht nur die) an vielen Plätzen des Museums didaktische Spiele zum kreativen Mitmachen bereit. Nicht weit entfernt ist es die Schauwerkstatt Seiffener Volkskunst, in der man den Kunsthandwerkern über die Schultern schauen und bei der „Geburt" von Nussknackern und Räuchermännern dabei sein kann.

Wer dann noch Zeit hat, dem sei ein Abstecher ins 10 km entfernte Neuhausen empfohlen. Das größte Nussknackermuseum der Welt ist ein Paradies für staunende Kinderaugen. Mehr als 5.000 knackende Gesellen versprechen einen lustigen Museumsbesuch. Sie stammen aus mehr als 30 Ländern. Der Größte ist mittlerweile auf stattliche 10,10 m angewachsen und wohl eher für Kokosnüsse geeignet. Der Kleinste ist gerade mal 4,9 mm groß und soll ebenfalls voll funktionsfähig sein.

Tour: Schlösser im Dreierpack
Neben Bergbau und Volkskunst kann das Erzgebirge auch Liebhaber alter Burgen und Schlösser in seinen Bann ziehen. Drei von ihnen lassen sich perfekt zu einer kurzen Schlössertour kombinieren. Ja, sie liegen sogar alle an einem Flüsschen, im Zschopautal. Nummer 1 und gleich das absolute Highlight des Erzgebirges ist das Schloss Augustusburg. Während die Geschichte des Schellenbergs fehlt, auf dem das Schloss thront, wurde das heutige Schloss im 16. Jahrhundert vom bekannten sächsischen Baumeister Hieronymus Lotter errichtet. Es ist ein Magnet für große und kleine Besucher. Das Spektrum reicht vom Motorradmuseum über die Kutschenausstellung sowie einer Exposition zur Jagd und Hofhaltung sächsischer Fürsten bis hin zum gruseligen Schlosskerker. Außerdem hat der Sächsische Adler- und Jagdfalkenhof unweit der sagenumwobenen Schlosslinde seine Zelte aufgeschlagen und präsentiert seine prächtigen Vögel regelmäßig

DIE BESTEN REISEROUTEN

in beeindruckenden Schauvorführungen. Einige Kilometer flussaufwärts erhebt sich auf einem Berg die Burg Scharfenstein, ein trutziges Bauwerk, dessen Geschichte ins Jahr 1250 zurückreicht. Damit gehört sie zu den ältesten Wehranlagen im Erzgebirge. „Erleben und Staunen, Spielen und Entdecken, Probieren und Kaufen, all das können Sie auf Burg Scharfenstein", so die Eigenwerbung der Burgherren. Damit versprechen sie nicht zu viel. Zu den Ausstellungen gehören ein Weihnachts- und Spielzeugmuseum sowie eine Kreativwerkstatt, und natürlich finden auch der legendäre Wildschütz Karl Stülpner und die Burggeschichte ihren Platz. 100 Stufen führen auf den Burgfried, wo sich ein Panoramablick auf das Zschopautal öffnet.

Komplettieren sollte man die Schlössertour erneut einige Kilometer flussaufwärts auf Schloss Wolkenstein. So wie bereits die anderen beiden Herrensitze hat sich auch Schloss Wolkenstein einen tollen Platz hoch über dem Tal ausgesucht. Gute Aussicht ist also garantiert. Das 80 m über dem Flüsschen auf einem Felssporn ruhende, historische Gemäuer kann ebenfalls auf eine etwa 800-jährige Geschichte zurückblicken. Diente es ursprünglich dem Schutz der übers Gebirge führenden Handelswege, machte es Heinrich der Fromme im 16. Jahrhundert zu seinem Jagdschloss. So wie es heue seine Besucher empfängt, soll es schon damals ausgesehen haben. Eine Ausstellung über die Gerichtsbarkeit vergangener Zeiten hat im Folterkeller ihren Platz gefunden, und auch ein Heimatmuseum ist zu besichtigen. Mittlerweile ist das Schloss außerdem zu einem beliebten Ort für Brautpaare aus nah und fern geworden, die sich in seinen uralten Mauern das Ja-Wort für ihr junges Glück geben möchten.

▶ *Schloss Augustusburg.*

REISEVORBEREITUNG

Übernachten
Hotels, Camping & Co.

Die Bandbreite der Übernachtungsmöglichkeiten ist groß. Nette, familiär geführte Hotels und Pensionen warten ebenso auf Gäste wie Ferienwohnungen und Privatzimmer. Nur wer hochpreisige Luxusherbergen sucht, wird nicht so recht fündig werden.

Saison
Da sich im Weihnachtsland Erzgebirge die Hauptsaison natürlich rund um das schönste Fest des Jahres abspielt und Besucher besonders in der Adventszeit in Touristenströmen durchs Gebirge ziehen, sollte man sein Wunschquartier für diese Wochen und auch für die Ferienzeit im Februar besser langfristig buchen.

Hotels & Pensionen
Typisch für das Erzgebirge sind kleinere, urgemütliche, oft mit familiärem Charme geführte Hotels und Pensionen. Manche sind in historischen Häusern untergebracht, viele jedoch blicken auf eine recht kurze Geschichte von gut 20 Jahren zurück, sind neu und schmuck entstanden. Eine moderne Ausstattung mit Bad/Dusche/WC, Fernseher ist Standard. Auch das Internet, oft in Form von W-Lan, hat Einzug gehalten. Zahlreiche Hotels mit Sauna, Innenpool, Massagen und Schönheitsbehandlungen haben sich etabliert. Ein gutes Preis-Leistungsverhältnis ist ebenfalls typisch für die Region. Die größte Auswahl an Zimmern findet der Gast im Preissegment zwischen 50 und 120 Euro je Doppelzimmer inkl. Frühstück.

Häuser im 5-Sterne-Segment sucht man vergeblich. Vermisst werden sie von den Touristen, die es hierher zieht, aber eher nicht.

DIE BESTEN REISEROUTEN

Ferienwohnungen und Privatzimmer

Noch günstiger sind freilich Ferienwohnungen, Ferienhäuser und Privatzimmer, wobei man diese im Erzgebirge nicht so häufig antrifft, wie in anderen Ferienregionen Deutschlands. Ausführliche Informationen dazu erhält man in den Tourismusinformationen der einzelnen Orte. Überregionale Anbieter sind z. B. unter diesen Adressen zu finden: www.bestfewo.de, die erste und größte Suchmaschine für Ferienwohnungen in Deutschland, und unter www.fewo-direkt.de, einem Spezialisten der seit 1997 Ferienhäuser und -wohnungen vermittelt.

Jugendherbergen

Da sich Struktur und Anspruch der Jugendherbergen in den vergangenen zwei Jahrzehnten grundlegend geändert haben, werden auch diese Unterkünfte zu immer interessanteren Anlaufstellen für Ferien für die ganze Familie. Die Ausstattung der meisten erzgebirgischen Jugendherbergen kann sich mittlerweile durchaus mit dem Standard guter Pensionen messen. Preise ab 18 Euro inklusive Frühstück sind alternativlos. Voraussetzung ist aber ein Ausweis des Deutschen Jugendherbergswerkes (DJH). Auskunft dazu gibt es beim DJH-Servicecenter Sachsen in Dresden, Tel.: 03 51 / 4 94 22 11. Eine Übersicht über Jugendherbergen in der Region gibt es im Internet unter www.djh-sachsen.de.

Camping

Wer mit dem Zelt, Caravan oder Wohnmobil kommt, sucht Naturgenuss pur. Ein typisches Camping-El-Dorado ist das Erzgebirge nicht. Trotzdem finden sich zahlreiche Campingplätze, zumeist dort, wo es ganz besonders idyllisch ist. Einen guten Überblick über Campingplätze der Region erhält man beim Tourismusverband Erzgebirge oder auch im jährlich aktualisierten ADAC-Campingführer Band 2.

▶ *Im Schwarzwassertal.*

REISEVORBEREITUNG

Essen & Trinken
Süßes und Deftiges – bodenständig und gesund

Aussagekräftige und verbürgte Informationen über Essgewohnheiten und Speisezubereitungen der ersten Erzgebirger gibt es kaum. Fakt ist: Besteck gehörte damals, egal in welchem Stand, noch nicht zum Tischwerkzeug. Die Hauptnahrungsmittel waren wohl Fleisch, Fisch, Breie und Fladenbrot.

Es ist davon auszugehen, dass in den armen Bevölkerungsschichten Hirsebrei die kargen Mahlzeiten dominiert hat. In späteren Jahrhunderten hinterließen sowohl die fränkische als auch die böhmische und thüringische Küche im Erzgebirgischen ihre Spuren. Berichte aus dem 15. Jahrhundert lassen darauf schließen, dass es der Bevölkerung zu dieser Zeit deutlich besser ging, als in den folgenden Jahrhunderten. Nach dem Dreißigjährigen Krieg war die Kartoffel auch im Erzgebirge angekommen und wurde bald zum Hauptnahrungsmittel der einfachen Schichten. Bis heute spiegelt sich das auf den Speiseplänen der Menschen wider. Nicht nur in den Traditionsgaststätten kann man Gerichte essen, wie sie vor 100 oder mehr Jahren üblich waren, auch auf den Tellern der Erzgebirger haben sie ihren festen Platz bis heute behalten. Was die Gebirgler früher aus Not auf den Tisch brachten, wird heute gegessen, weil es schmeckt. Aus einfachen und billigsten Zutaten entstanden und entstehen schmackhafte und gesunde Gerichte, bei denen Kartoffeln oftmals im Mittelpunkt stehen. Ardäppelklitscher gehören ebenso dazu wie Fratzn, Buttermilchgetzen und Ardäppelsalat. Berühmt ist die Raacher Maad, zu der ganz einfach Kartoffeln gekocht

ESSEN & TRINKEN

und gerieben werden und dann mit etwas Salz in einer eisernen Pfanne mit Leinöl beidseitig ausgebacken werden. Klingt nach nichts Besonderem, ist jedoch, mit etwas zerlassener Butter bestrichen, wahrhaft eine Delikatesse. Knödel und Klöße haben ebenfalls einen festen Platz in erzgebirgischen Küchen und werden besonders zu einem kräftigen Braten sehr geschätzt. Dazu gehört dann ein gutes Sauerkraut. Früher zumeist selbst angemacht, kommt es heute wieder bei immer mehr Genießern nicht aus Büchse oder Glas, sondern aus dem eigenen Sauerkrautfass im Keller. Beim jährlichen Sauerkrautfest auf dem Scheibenberg wird sogar der aktuelle Sauerkrautkönig gekürt. Eine ebenso wichtige Rolle spielen Schwamme (Pilze). Zumindest in früheren Zeiten konnte man sie noch ohne Mengeneinschränkung aus den heimischen Wäldern holen.

Die wohl bekannteste kulinarische Delikatesse der Region ist das „Neinerlaa". Der Aufwand dafür ist relativ groß. Das ist sicher ein Grund dafür, dass es traditionell nur am Heiligen Abend auf den Tisch kommt. Dass das heute in Gaststätten etwas anders gehandhabt wird, ist verständlich, denn auch die Touristen sollen die Möglichkeit erhalten, es zu probieren. Überall dort, wo es in den Stuben der Erzgebirger gegessen wird, ist es verbunden mit mehr oder weniger strengen Regeln rund um den Heiligen Abend. So achtet man in Annaberg am Heiligen Abend darauf, dass keine ungerade Zahl von Personen am Tisch sitzt. Notfalls wird ganz einfach ein Gedeck mehr aufgelegt.

Der Name sagt es: Auf die Festtafel gehören neun verschiedene Speisen. So ärmlich die Verpflegung übers Jahr hinweg oft sein musste, am Heiligen Abend sollte nicht gespart werden. Die Zusammensetzung des Neinerlaa ist von Region zu Region verschieden. Jede der Speisen hat ihre eigene Bedeutung: Linsen stehen für kleines Geld, Klöße fürs große, Buttermilchgetzen sollen gegen eventuelle Kopfschmerzen helfen. In vielen Fällen gehört auch Selleriesalat dazu. Aus welchem Grund wohl …?

Von jedem der Gerichte soll man mindestens drei Esslöffel zu sich nehmen, sonst wirkt „der Zauber" nicht. Am Heiligen Abend in einer weihnachtlichen Erzgebirgsstube zu sitzen, die Peremed dreht sich, das Raachermannl nabelt aus voller Brust und Engel und Bergmann strahlen um die Wette – erst wer das erlebt, war wirklich im Erzgebirge. Ebenfalls zum schönsten Fest des Jahres gehört der Christstollen, das wohl kalorienreichste Weihnachtsgebäck, das nicht nur hier sehr beliebt ist.

PREISNIVEAU

Tasse Kaffee	ca. 2,00 €
Stück Kuchen	ca. 2,00 €
Glas Bier	ca. 2,50 €
Glas Wein	ca. 3,00 €
Tagesgericht	ca. 7,50 €
3-Gänge-Menü	ca. 17,50 €

REISEVORBEREITUNG

Sport & Freizeit
Aktiv im Sommer und Winter

Der erste Gedanke gilt hier natürlich dem Winter. Wintersport spielt im Erzgebirge eine große Rolle. Wintersportler der Region sorgen mit regelmäßigen Medaillengewinnen bei Weltmeisterschaften und Olympiaden für dessen ungebrochene Popularität. Nichtsdestotrotz bietet die Region auch ohne Schnee beste Möglichkeiten für Freizeitaktivitäten wie Wandern und Radfahren.

Skifahren

Im Winter spielt das Skifahren naturgemäß die Hauptrolle und ist für die meisten Touristen der Grund für eine Reise ins sächsische Mittelgebirge. Dabei ist es egal, ob man auf schmalen Latten die Landschaft genießen möchte oder es bevorzugt, Stahlkanten bewährt rasant ins Tal zu jagen. Zahlreiche Liftanlagen garantieren den Abfahrtsspaß. In den Wintersportzentren von Altenberg und Holzhau über Oberwiesenthal bis nach Johanngeorgenstadt sorgen Beschneiungsanlagen dafür, dass man nicht nur auf Frau Holles gute Laune angewiesen ist.

Auch zahlreiche kleinere Orte abseits der Wintersportzentren verfügen über Liftanlagen – gute Ausweichmöglichkeiten, wenn in Oberwiesenthal mal wieder alles dicht sein sollte.

Baden

Meereswellen und Strandparadiese hat das Erzgebirge nicht zu bieten, dafür aber einige sehr schöne Badeseen und Talsperren. So den Greifenbach-Stauweiher bei Geyer. Klares Wasser ist garantiert, frische Wassertemperaturen zumeist auch. Zahlreiche Gemeinden besitzen gepflegte Freibäder, einige davon

ESSEN & TRINKEN

sind sogar solarbeheizt. Wenn das Wetter mal nicht so mitspielt (oder auch im Winter nach der Skitour), wartet eine große Anzahl so genannter Spaßbäder auf badelustige Besucher. So zum Beispiel in Marienberg, Geyer und Eibenstock. Auf den Badespaß muss man also auch im Erzgebirge nicht verzichten.

Wandern

Wanderer sind im Erzgebirge an der richtigen Adresse. Viele lohnenswerte Ziele und die bergige Landschaft laden ganz einfach dazu ein, die Wanderstiefel zu schnüren. Mehr als 100 Routenvorschläge haben der Erzgebirgsverein und der Tourismusverband Erzgebirge zusammengetragen. Ehrenamtliche Wegewarte kümmern sich darum, dass die Markierungen stimmen. Das reicht von der 5 km langen Familienwanderung bis zum Kammweg, der sich 200 km weit durchs Erzgebirge schlängelt, aber natürlich auch in einzelnen Etappen gegangen werden kann. Besonders beliebt sind die verschiedenen Wandervorschläge, die auf die Spuren des historischen Bergbaus führen. Paketangebote ermöglichen es, ohne großes Gepäck auf Fernwanderung zu gehen. Übernachtungsplätze und der Gepäcktransfer sind dafür organisiert.

Fahrradfahren

Eine typische Radlerdestination ist das Erzgebirge sicher nicht, doch gerade in den vergangenen Jahren sind zahlreiche Radwege entstanden. Touristische Routen gestatten es Radfahrern, viele der Sehenswürdigkeiten der Region mit dem Drahtesel zu erreichen. Der Tourismusverband Erzgebirge hat zwei Sonderhefte mit 19 Radtouren erarbeitet. Natürlich gibt es darin auch eine Tour bis hinauf auf Sachsens höchste Erhebung, den Fichtelberg (1215 m ü. NN). Ein toller Blick übers Gebirge ist dort garantiert, entsprechendes Wetter vorausgesetzt.

▶ *Biathlon für Jedermann – im Biathlonzentrum von Altenberg kann man sich auf Björndalens Spuren versuchen.*

REISEVORBEREITUNG

Von A bis Z
Praktische Reiseinformationen

Auf den folgenden Seiten gibt es nützliche Informationen für die Vorbereitung einer Urlaubsreise ins Erzgebirge, komplettiert von wichtigen und informativen Internetseiten zur Region. Von A wie Anreise bis hin zu Z wie Zollbestimmungen. Im kurzen Überblick auch für unterwegs.

Anreise mit dem Auto
Ausgangspunkt für Reisen ins Erzgebirge sind zumeist Chemnitz oder Dresden. Je nach Zielort ist man über die Bundesstraßen B101, B95, B170 und B174 in weniger als einer Stunde mitten drin in der Region.

Anreise mit Bus und Bahn
Zahlreiche Buslinien führen von Chemnitz und Dresden ins Erzgebirge. Für die Bahnverbindung ist die Erzgebirgsbahn zuständig, die zum Beispiel von Chemnitz nach Cranzahl, nach Olbernhau und nach Aue fährt. Die Verbindung von Cranzahl nach Oberwiesenthal komplettiert dann die Fichtelbergbahn, eine Kleinbahn, die noch heute im Regelbetrieb mit Dampfloks unterwegs ist.

Anreise mit dem Flugzeug
Im Erzgebirge selbst gibt es keinen Flugplatz. Die nächsten Airports befinden sich in Dresden und Leipzig. Die Entfernung je nach Zielort im Erzgebirge beträgt ein bis maximal zwei Stunden. Diese Flugplätze werden unter anderem auch von verschiedenen Billigfluglinien bedient.

Auskunft
Tourismusverband Erzgebirge e.V.
Adam-Ries-Straße 16
09456 Annaberg-Buchholz

Tel.: 03733/18800-00
www.erzgebirge-tourismus.de

Ermäßigung

Die ErzgebirgsCard offeriert das umfangreiche Freizeitangebot deutlich preisgünstiger. Die Karte bietet dem Nutzer in etwa 100 Einrichtungen freien Eintritt und zusätzlich fünf attraktive Ermäßigungen im gesamten Erzgebirge. Die Karte gibt es in einer 48-Stunden- und einer 4-Tages-Variante. Für Erwachsene kostet sie 24 bzw. 35 €. Kinder bezahlen 16 bzw. 21 €. Kinder unter sechs Jahren erhalten in Begleitung eines Erwachsenen die ZwergenCard kostenlos.

Internetadressen

www.erzgebirge-tourismus.de
Offizielle Seite des Tourismusverbandes.
www.erzgebirge.de
Präsentiert von der Tageszeitung „Freie Presse".
www.ins-erzgebirge.de
Private Internetseite mit einer unerschöpflichen Informationsvielfalt.
www.echt-erzgebirge.de
Seite der Wirtschaftsförderung Erzgebirge GmbH.
www.erzgebirgs-wetter.de
Das aktuelle Wetter der Region.
www.erzgebirge.org
Seite des Verbandes Erzgebirgischer Kunsthandwerker und Spielzeughersteller e.V.
www.erzshop.de
Alles, was typisch ist fürs Erzgebirge, gibt es hier zu kaufen.
www.naturpark-erzgebirge-vogtland.de
Offizielle Seite des Zweckverbandes Naturpark Erzgebirge-Vogtland.

Klima und Reisezeit

Das Mittelgebirgsklima in der Region sorgt für deutlich kühlere Sommer (abhängig von der Höhenlage) und im Winter für eine größere Schneesicherheit. Wie im Gebirge üblich, ist das Wetter oft sehr unbeständig. Man sollte sich beim Kofferpacken auch auf regnerische Tage einstellen. Der Wind treibt die Wolken oft gegen den Erzgebirgskamm, was für reichlich Niederschlag sorgen kann. Besonders in den Kammlagen muss man auch mit stürmischen Tagen rechnen. Trotz allem ist das Erzgebirge eine Ganzjahresdestination. Wanderer schätzen besonders den Frühling und Herbst, Familien bevorzugen den Sommer und Wintersportfreaks natürlich die Wintermonate von Januar bis März.
Besucher-Hauptzeit im Erzgebirge, das nicht umsonst als das Weihnachtsland Deutschlands bezeichnet

FEIERTAGE

Neujahr *(1. Januar)*
Karfreitag
Ostermontag
Tag der Arbeit *(1. Mai)*
Christi Himmelfahrt
Pfingstmontag
Tag der Deutschen Einheit *(3. Oktober)*
Reformationstag *(31. Oktober)*
Buß- und Bettag
Weihnachten *(25./26. Dezember)*

REISEVORBEREITUNG

▶ *Anziehungspunkt im Frühling – die Krokuswiesen in Drebach.*

wird, sind jedoch die Wochen vor dem Weihnachtsfest.

Naturschutz

Der Naturschutz spielt eine wichtige Rolle. Große Teile des Erzgebirges gehören zum Naturpark Erzgebirge-Vogtland. Der Park erstreckt sich vom osterzgebirgischen Holzhau bis zum vogtländischen Bad Elster. Die Gesamtfläche beträgt etwa 1.500 qkm. Allein 60 Prozent der Parkfläche ist von Wald bedeckt. Innerhalb des Naturparks gibt es 45 ausgewiesene Naturschutzgebiete und 48 Flora-Fauna-Habitate.

Öffnungszeiten

Läden und Supermarktketten öffnen von Montag bis Samstag von 7/8 Uhr bis 20 Uhr. Fachgeschäfte öffnen zumeist von 9 bis 18 Uhr.

Parken

An den touristischen Sehenswürdigkeiten finden sich zumeist reichlich Parkflächen, auf denen es höchstens in den Hauptferienmonaten mal zu Engpässen kommen kann. In den Kleinstädten der Region dagegen sind Parkplätze in den Altstadtzentren oft Mangelware. Bitte die ausgewiesenen Parkflächen etwas abseits der Zentren nutzen.

Reisen mit Handicap

Es hat sich auch im Erzgebirge in den vergangenen Jahren viel getan, um Menschen mit Handicap das Reisen in der Region zu erleichtern bzw. überhaupt erst möglich zu machen. Trotzdem wäre es leider noch vermessen, zu sagen, dass das Erzgebirge komplett behindertengerecht ist.
Wanderwege im Gebirge sind im Normalfall nicht mit Rollstuhl befahrbar und enge, steile Altstadtgassen ebenso wenig. Wer mit einem Handicap in das Erzgebirge reisen möchte, sollte sich vorher bei den entsprechenden Tourismusämtern des gewählten Reiseziels genau über Möglichkeiten und Einschränkungen informieren.

Souvenirs

Die Produktpalette Erzgebirgischer Volkskunst ist so umfangreich, dass das Angebot möglicher Souvenirs auch ohne den in vielen Gegenden üblichen Kitsch auskommt. Das reicht von Holzspielwaren für die kleinen Besucher über Räuchermänner, Nussknacker und Schwibbögen bis hin zu mehrstöckigen Weihnachtspyramiden. Dem Bergbau geschuldet, kann man an vielen Stellen auch aus steinernen Souvenirs wählen. In den Wochen vor dem Weihnachtsfest stellt sich eigentlich keine Frage: Da gehört ein Stollen ins Heimreisegepäck.

Telefonieren

Im Normalfall sind auch in der Region alle üblichen Handynetze erreichbar. Durch die geografische Struktur muss man jedoch in Tälern immer wieder damit rechnen, in sogenannte Funklöcher zu fallen und keinen Empfang zu haben.

Wegenetz

Die Wegenetze für Wanderer bzw. Radfahrer sind durchweg gut ausgeschildert. Mit entsprechendem Kartenmaterial gibt es keine Probleme, geplante Punkte anzusteuern.

Zollbestimmungen

Im Schengenraum sind bei Grenzübertritt keine Personenkontrollen üblich. Trotzdem sollte man im Grenzgebiet zur Tschechischen Republik Ausweispapiere bei sich haben. Im Grenzraum sind durchaus Einzelkontrollen möglich. Außerdem kann auch die Bundespolizei an entsprechenden Stellen im Vorland Kontrollen durchführen.

GPS-Daten zum Download

Für all diejenigen, die mit einem GPS-Gerät unterwegs sind, bietet der Verlag die GPS-Tracks der Rad- und Wandertouren unter folgendem Link zum Download an: www.publicpress.de/824gpx

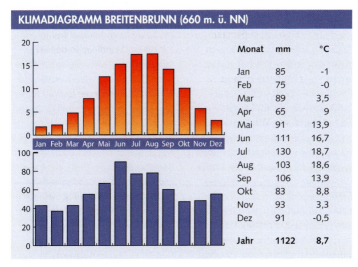

KLIMADIAGRAMM BREITENBRUNN (660 m. ü. NN)

Monat	mm	°C
Jan	85	-1
Feb	75	-0
Mar	89	3,5
Apr	65	9
Mai	91	13,9
Jun	111	16,7
Jul	130	18,7
Aug	103	18,6
Sep	106	13,9
Okt	83	8,8
Nov	93	3,3
Dez	91	-0,5
Jahr	**1122**	**8,7**

LAND & LEUTE

Kunst & Kultur
Bergbauspuren überall

Es sind die lebendig erhaltenen Traditionen, die das Erzgebirge so interessant machen. Zum einen ist es der Bergbau, auf der anderen Seite die erzgebirgische Volkskunst, auf die man überall in der Region trifft.

Bergmännisches Brauchtum

Zahlreiche Besucher- und Schaubergwerke laden zu Reisen in die Welt unter Tage ein. Es sind die Spuren des Silber- und Zinnbergbaus, die bis zu 500 Jahre zurück reichen und bis heute eine große Faszination auf Besucher ausüben. Es ist beeindruckend, vor Ort einen kleinen Einblick in den harten Arbeitsalltag der Hauer früherer Zeiten zu gewinnen. Doch auch das, was die Bergleute in der zweiten Hälfte des vorigen Jahrhunderts auf der Suche nach Uran im Rahmen der SDAG Wismut geleistet haben, lässt sich sehen und vermittelt Interessantes über den erst vor wenigen Jahrzehnten still gelegten Bergbau. Dazu gehörte auch das Steinkohlerevier rund um Zwickau.

Doch das Bergmännische ist nicht nur unter Tage präsent. Besonders in der Weihnachtszeit lebt so mancher Brauch weiter, der auf der Sehnsucht der Bergleute nach Licht basiert. Über Monate hinweg haben die Hauer zu früheren Zeiten keinen Strahl Tageslicht gesehen. Wenn sie am Morgen einfuhren, war es noch Nacht, wenn sie wieder aus dem Berg kamen, hatte sich bereits die Dunkelheit übers Land gelegt. So leuchten heute überall Schwibbögen aus den Fenstern, die an den Brauch erinnern, dass die Bergleute nach der letzten Schicht vor dem Fest ihr Geleucht rund um das Stollmundloch hingen. Bergmänner und Engel wurden zu den wichtigsten Lichtträgern. Für jeden Sohn kam ein Bergmann ins Fenster, für jede Tochter ein Engel. Sie sollten dem Vater den Weg nach Hause weisen.

Erzgebirgische Volkskunst

Erzgebirgisches Kunsthandwerk basiert auf traditioneller Volkskunst. Vieles davon ist auf den Bergbau zurückzuführen. Denn nach dem relativ schnellen Niedergang des Bergbaus mussten sich die Bergleute neue Tätigkeiten suchen, um ihre Familien zu ernähren. Holz war reichlich vorhanden, und so wurden Schnitzen und Drechseln zu neuen Erwerbszweigen. Einerseits entstanden hochwertige Einzelstücke, denen nur zu oft Bergmänner in ihrem Festhabit Modell standen, anderseits brachte die Nutzung von Drechselbänken die Möglichkeit, größere Stückzahlen zu produzieren. Besonders die, hauptsächlich rund um Seiffen verbreitete, Reifendreherei schuf die Voraussetzung, Spielzeugtiere in großen Stückzahlen herzustellen. Sie waren auch unter den Waren, die die Seiffener bereits vor 300 Jahren zur Leipziger Messe brachten. All das hat sich erhalten und garantiert bis heute vielen Kunsthandwerkern den Lebensunterhalt. Erzgebirgische Volkskunst geht in die ganze Welt: ob Nussknacker, Räuchermann, Bergmann, Engel oder auch die Pyramiden, von denen meterhohe Exemplare mit vielen Stockwerken in der Weihnachtszeit auch die Plätze in Dörfern und Städten schmücken. Sie sind beliebte Souvenirs und Sammlerstücke.

Theater, Museen, Schlösser und Burgen

Breit gefächert ist das kulturelle Angebot ebenfalls in anderen Bereichen. Das Theater in Annaberg-Buchholz überrascht mit Inszenierungen, die sich sehen lassen können. Museen von der terra mineralia in Freiberg über das Spielzeugmuseum in Seiffen bis hin zur Manufaktur der Träume in Annaberg-Buchholz ziehen kleine und große Leute gleichermaßen in ihren Bann. Kleine Galerien komplettieren diese Expositionen. Auch mit prächtigen Schlössern und rustikalen Burgen kann die Region glänzen.

REGIONALER SPRACHFÜHRER

Erzgebirgisch – Hochdeutsch
Haamit – Heimat
Hitsche – Fußbank
Baam – Baum
Brietzl – frecher, aufgeweckter Junge
Dippl – Tasse, kleiner Topf
tappsisch – ungeschickt, unbeholfen
Rahziehglos – Fernglas
Dachhos – Katze
draaschn – Starkregen
druhm – dort oben
Mahlfassln – Weißdornfrüchte
Mannsen – Männer
Erzgebirgisch ist nicht gleich Sächsisch.
Wer mehr lesen will:
www.erzgebirgisch.de

LAND & LEUTE

Feste & Feiern
Klösterliches und der Mann mit dem weißen Bart

Die Erzgebirger feiern gern. Nicht lautstark mit viel Pomp wie anderswo, sondern klein aber fein inmitten der rustikalen Kulisse ihrer anheimelnden Kleinstädte und Dörfer.

Musik und Kultur

Das Markenzeichen des Festivals ArtMontan sind ausgefallene Orte. Bei dieser Konzert- und Eventreihe treten Künstler in Bergbaulichen- und Industrie-Anlagen auf. So unter anderem unter Tage in der Kaverne des Pumpspeicherwerkes in Markersbach. Der Annaberger Kultursommer lädt von Juni bis August zu abwechslungsreichen Konzerten. Dazu verlassen die Künstler des Theaters Annaberg ihr Stammhaus und konzertieren zum Beispiel auf der Freilichtbühne am Fuße der Greifensteine oder auch auf der Theatertreppe. Einige Konzerte des Festivals „Mitte Europa" und des MDR-Musiksommers finden in der Region statt. Das Musikfest Erzgebirge präsentiert alternierend mit den Internationalen Silbermann Tagen hochklassige Konzerte mit dem Schwerpunkt Klassik.

Klostermarkt und Töpfertreffen

Es sind die historischen Altstädte und die Burgen, die die perfekte Kulisse abgeben für mittelalterliche Spektakel und traditionelle Märkte. So hat sich das Burgfest in Wolkenstein, immer zwischen Himmelfahrt und dem folgenden Wochenende fest etabliert. Da wird das Mittelalter mit Rittern und Marketenderinnen lebendig. Nicht anders auf dem Annaberger Klostermarkt, der alle zwei Jahre (2015, 2017,…) in die Altstadt rund ums ehemalige Kloster lockt. Alle vier bzw. fünf Jahre lädt

FESTE & FEIERN

der Verein der Altstadtfreunde zum Europäischen Töpfertreffen ein (das letzte war 2013). Dann ist die Stadt am Fuße des Pöhlbergs für einige Tage das Zentrum der Europäischen Töpferzunft.

Besonders geheimnisvoll sind die nächtlichen Führungen im Schlettauer Schloss. Auch auf Burg Scharfenstein geht es ab und an recht rustikal zu, um ein weiteres Beispiel zu nennen. Treffen wie die Annaberger Kneipennacht im September oder die Modenacht ordnen sich ein. Und wenn auch nicht im rustikalen Stil, so doch mit der längsten Tradition ist das größte Volksfest, die Annaberger Kät, seit hunderten von Jahren immer zwei Wochen nach Pfingsten das Highlight für Jung und Alt aus der ganzen Umgebung. 2013 fand sie bereits zum 493. Mal statt.

FESTE IM JAHRESKREIS

Januar
- Wintertreffen der Motorradfahrer auf Schloss Augustusburg (erstes Wochenende im Januar)

Februar
- Skifasching in Oberwiesenthal (Sonntag vor Rosenmontag)

März
- Annaberger Schnitzertag (erstes März-Wochenende)

Mai
- Auer Kneipenfest (dritter Samstag im Mai)

Juni
- Annaberger Kät (zwei Wochen nach Pfingsten)
- Mineralienbörse Ehrenfriedersdorf
- Bergstadtfest Freiberg (letztes Juniwochenende)

Juli
- Stollberger Altstadtfest (erstes Wochenende im Juli)
- Bergstreittag in Schneeberg (22. Juli)

August
- Countryfestival Greifensteine (erstes August-Wochenende)

September
- Annaberger Klöppeltage (drittes Wochenende im September)
- Europäisches Blasmusikfestival Bad Schlema (drittes Wochenende im September)

Oktober
- Buchholzer Jahrmarkt (zweites Wochenende im Oktober)
- Tag des traditionellen Handwerks (dritter Sonntag im Oktober)
- Volkswandertage in Olbernhau (dritter Samstag im Oktober)

▶ Das größte Volksfest im Erzgebirge – die Annaberger Kät.

LAND & LEUTE

FESTE IM JAHRESKREIS

November
- Start der Weihnachtsmärkte (Samstag vor dem 1. Advent)

Dezember
- Lichtelfest in Schneeberg (zweites Adventswochenende)
- Größte Bergparade des Erzgebirges in Annaberg-Buchholz (vierter Adventssonntag)

Bergbau-Tradition

Das bergmännische Brauchtum im Erzgebirge ist für Touristen besonders mit den zahlreichen Bergparaden in den Bergstädten erlebbar – zum Beispiel beim Bergstadtfest in Freiberg am letzten Juniwochenende, das als eines der größten Volksfeste in Mittelsachsen gilt. Mit etwa 800 uniformierten Bergleuten und zahlreichen Kapellen ist die Parade ein Höhepunkt des Volksfestes (www.bergstadtfest.de).

Volkssportler am Start

Es sind nicht nur internationale Sportwettkämpfe, die im Winter stattfinden. Immer populärer werden auch Volkssportveranstaltungen durch die verschneite Bergwelt. So geht es seit 30 Jahren von Jöhstadt aus auf schmalen Brettern zum Volkssportlauf Erzgebirge querdurch. Immer im Januar präparieren dutzende Helfer die 30 km lange Strecke. Beliebt ist auch der im Februar startende Auer Schneekristall der als Winterwanderung konzipiert ist. Doch auch in den wärmeren Monaten muss man nicht einsam auf Tour gehen. Im April freuen sich die Wanderfreunde auf die jährliche Frühlingswanderung rund um die Talsperre Sosa. Am ersten Juniwochenende machen sich Wanderer traditionell auf den Weg von der Burg Hassenstein im Böhmischen über die Grenze hinweg zum Schloss Schlettau. Die Jöhstädter laden am 2. Wochenende im Juni zum sommerlichen Pendant ihres Winterlaufs Erzgebirge querdurch ein. Ebenfalls Anfang Juni organisiert der Verein Annaber-

▶ *Volksskilauf In Jöhstadt.*

FESTE & FEIERN

▶ *Theatervorstellung auf der Naturbühne an den Greifensteinen.*

ger Land e.V. eine Sternwanderung für die ganze Familie mit dem Ziel Hermergut. Im September startet am Vereinshaus des Erzgebirgszweigvereins in Scharfenstein der Volkswandertag zu Ehren von Karl Stülpner.

Weihnachtsmärkte

Den Weihnachtsmärkten kommt im „Weihnachtsland Erzgebirge" natürlich eine besondere Bedeutung zu. Fast jedes Dorf hat seinen eigenen kleinen Markt, meistens beschränkt auf ein Adventswochenende. Ganz anders in den „großen" Zentren des Erzgebirges. Von Freiberg über Marienberg, Annaberg-Buchholz bis nach Schwarzenberg, Aue und Schneeberg laden Weihnachtsmärkte zu einer Reise in die Traditionen ein. Dabei geht es kleiner und gemütlicher zu, als auf den anderen, bekannten, großen Weihnachtsmärkten in Deutschland. Hier kann man noch Besinnliches mit viel Charme erleben. Doch es sind nicht die Weihnachtmärkte allein, die das Typische der Adventszeit unterstreichen. Viele Schau- und Besucherbergwerke laden zu Mettenschichten unter Tage ein. Früher waren das einfache vorweihnachtliche Zusammenkünfte der Bergleute im Stollen. Heute, für die Touristen, geht es freilich etwas opulenter zu. Weihnachtsbaum, oft typisch bergmännisch aus Holzlatten zusammen genagelt, eine zünftige Bergmannsvesper, je nach Wahl ein duftender Christstollen und nicht zu vergessen ein hochprozentiger Bergmannsschnaps, kurz auch „Kumpeltod" genannt.

Über Tage ziehen in der Vorweihnachtszeit prächtige Bergaufzüge durch die Städte. Hunderte Mitglieder von Bergbrüderschaften und Bergorchestern präsentieren sich in ihrem schmucken Habit mit alten Bergmannsliedern.

LAND & LEUTE

Natur & Umwelt
Sanfte Täler, Tafelberge und ein rauer Gebirgskamm

Das raue Klima auf dem Erzgebirgskamm spiegelt sich auch in Fauna und Flora wider. Während oben Hofmoore und torfige Fichtenhaine das Bild prägen, sind es weiter unten Wälder, die der Landschaft ihren Stempel aufdrücken.

Erdgeschichtliche Entstehung

Vor rund 320 Millionen Jahren bestand die Erde aus nur zwei Kontinenten – Gondwana und Laurasia. Ein gewaltiger Hochlandbogen wölbte sich in Laurasia. Ein Teil davon wurde zu Europa. Es bildeten sich drei Faltenketten, deren südlichste zum Ausgangspunkt des heutigen Erzgebirges wurde. Vor ca. 10 Millionen Jahren, angekommen im Tertiär, der geologischen Gegenwart, riss die Nordseite des böhmischen Beckens auf und formte sich zur Bruchscholle des Erzgebirges.

Geologie

Der Name Erzgebirge lässt auf ein schroffes Felsengebirge schließen und erinnert wohl eher an die Alpen als an das, was der Besucher dann wirklich dort findet. Statt steiler Felsengebilde gelangt man, vom Norden kommend, auf einer relativ sanft ansteigenden „Pultscholle" fast ohne merkliche Steigung hinauf auf den Erzgebirgskamm, und auch die Flusstäler haben fast ausnahmslos eher einen sanften Charakter. Etwas anders sieht es dann auf der böhmischen Seite des Gebirges aus. Rund 500 Meter tiefer, hier fällt das Erzgebirge steil ab, liegt der Egergraben. Nur wenige Berge ragen deutlich über die Landschaft hinaus. Die wichtigsten sind der 1244 Meter hohe Keilberg, der Fichtelberg mit einer Höhe von

1215 Metern sowie der Auersberg, der es auf 1019 Meter bringt und damit auch zum Klub der Tausender gehört. Charakterisiert wird das Landschaftsbild des sächsischen Teils des Erzgebirges durch zahlreiche Tafelberge wie Scheibenberg, Bärenstein und Pöhlberg.

Die Basis des Erzgebirges bieten metamorphe Gesteine. Im östlichen und mittleren Erzgebirge sind das vorwiegend Gneise und im westlichen Teil Granite und Schiefer. Oft haben sich unter dem Einfluss der Witterungsbedingungen recht kuriose Felsformen gebildet, die besonders für geologisch interessierte Besucher zu Anziehungspunkten wurden. So zum Beispiel die „Orgelpfeifen", sechskantige Basaltsäulen am Scheibenberg, die ebenfalls aus Basalt bestehenden „Butterfässer" am Pöhlberg oder die Naturdenkmale der Greifensteine aus Granit.

Naturpark

Das gesamte Kammgebiet vom Erzgebirge übers Elstergebirge bis hinein ins Vogtland gehört zum 1.495 Quadratkilometer großen Naturpark Erzgebirge-Vogtland. Dieses großflächige Schutzgebiet mit einer Ost-West-Ausdehnung von etwa 120 km umfasst 92 Städte und Gemeinden mit mehr als 300.000 Einwohnern, wobei sich die Gesamtfläche in 9 Prozent Siedlungsgebiet, 30 Prozent Landwirtschaftsflächen und 61 Prozent Wälder aufsplittet. Innerhalb des Naturparks liegen 243 Flächennaturdenkmale, 12 Landschaftsschutzgebiete, 42 Naturschutzge-

▶ *Krokuswiesen.*

LAND & LEUTE

biete und 3 Vogelschutzgebiete. Der Zusammenschluss schafft die Voraussetzung dafür, die Lebensräume stark gefährdeter Pflanzen- und Tierarten koordiniert zu schützen und zu pflegen. An vielen Stellen des Erzgebirges wurden Naturlehrpfade errichtet, die auf informativen Schautafeln über die Besonderheiten von Fauna und Flora berichten. Selbst wer nicht gezielt nach ihnen sucht, wird auf seinen Wanderungen immer wieder darauf stoßen.

Fauna

Trotz seiner dichten Durchsiedlung hat sich das Erzgebirge auch größere zusammenhängende Waldgebiete erhalten, in denen die typischen Tiere der Region ihre Heimat finden. Auf Spuren von Wildschweinen trifft man überall. Besonders auch dort, wo die Bauern das gar nicht so gern sehen. Wie in anderen Landesteilen schaffen es die Jäger nicht, den Schwarzwildbestand auf ein erträgliches Maß zu reduzieren. Hirsche und Rehe sind ebenso zu Hause wie Füchse, die man sogar oft in der Nähe von Dörfern treffen kann. Vereinzelt soll es wieder Luchse geben, und auch Waschbären wurden bereits beobachtet. Zur vielfältigen Vogelwelt gehören Uhu, Sperlingskauz und auch Bussarde sowie Wanderfalken.

Flora

Die Vegetation im Erzgebirge ist Teil der mitteleuropäischen Waldflora. Das heißt, sie wird charakterisiert durch arme Böden, die einem relativ feuchten und kalten Klima ausgesetzt sind. In den Kammlagen sind torfige Fichtenhaine typisch, darunter auch Hochmoore. An vielen Stellen findet man gattungsmäßig

▶ *Wildblumen im Gebirge.*

NATUR & UMWELT

▶ *Falknervorführung auf Schloss Augustusburg.*

sehr reiche und bunte Wiesenkräutergemeinschaften. In den Wäldern dominiert, trotz großer Anstrengungen das zu ändern, zumeist noch die Fichte als Monokultur. Stück für Stück werden aber gegen Rauchschäden resistentere Arten nachgepflanzt. Vereinzelt findet man sehr schöne Buchenwälder.

Manche im Erzgebirge beheimatete Pflanzen sind allein deshalb sehr interessant, weil ihr normaler Lebensraum eher die Alpen oder weit entfernte, nördlich gelegene Tundren sind. Dazu zählen unter anderem die Mondraute und der Alpenbärlapp.

Verschiedene Vereine bemühen sich um geschützte Arten der Region, die nur unter ganz bestimmten Bedingungen wachsen, so zum Beispiel im botanischen Garten in Schellerhau. Zu diesen geschützten Pflanzen gehören Türkenbund und Frauenschuh.

Eine Besonderheit ist das Flora-Fauna-Habitat im Museum Kalkwerk Lengefeld. Dort, auf der ehemaligen Bruchsohle des Tagebaus, blühen Jahr für Jahr tausende kleine Orchideen. Dieses gefleckte Knabenkraut zieht Blumenliebhaber extra deswegen ins Museum, denn der Besuch der prächtigen Blumenwiese ist nur im Rahmen der Führung durchs Museumsgelände möglich.

IV UNTERWEGS IM ERZGEBIRGE

Annaberg-Buchholz und die Mitte
Eine heimliche Hauptstadt am Fuße des Berges

Man könnte das Erzgebirge natürlich auch von den Seiten „aufzäumen", doch wer seinen Start ins Zentrum verlegt, stößt in der heimlichen Hauptstadt der Region, in Annaberg-Buchholz am Fuße des Pöhlbergs, sofort auf Typisches in konzentrierter Form. Das Städtchen und die umgebenden Gemeinden haben viel zu erzählen über den Bergbau und die Erzgebirgische Volkskunst.

▶ ANNABERG-BUCHHOLZ

21.000 Einwohner

Gern wird Annaberg-Buchholz, die alte Bergstadt am Fuße des Pöhlbergs, als die „heimliche Hauptstadt" des Erzgebirges bezeichnet. Das hat sicher seinen Grund nicht zuletzt darin, dass sich in und um die Kreisstadt die wohl größte Konzentration dessen befindet, was für das Erzgebirge so typisch ist: Historisches rund um den Bergbau und erzgebirgische Volkskunst von gestern und heute. Aktueller denn je wurde die nicht ganz offizielle Bezeichnung durch die letzte Kreisreform. Seither ist Annaberg-Buchholz die Kreisstadt des Erzgebirgskreises und damit auch Verwaltungssitz der Region. Dass sich die Stadt mit den Dörfern Frohnau, Geyersdorf, Cunersdorf und Kleinrückerswalde stark gemacht hat für die Zukunft, ist ebenso den vergangenen Jahrzehnten zu verdanken wie die sich so schmuck herausgeputzte Altstadt rund um Marktplatz und Annenkirche.

Geschichte

Während erste Urkunden das Alter der kleinen Dörfer ringsum bereits ins 12. Jahrhundert zurück datieren, schlug die Geburtsstunde von Annaberg, damals „Neue Stadt am Schreckenberg" genannt, erst reichlich später. Genau am 21. September 1496 wurde die Stadt auf Erlass von Georg dem Bärtigen gegründet.

Wie überall im Erzgebirge, wo in dieser Zeit neue Städte aus dem Boden schossen, war es auch in Annaberg ein Silberfund, der zum Ausgangspunkt einer beispiellosen Einwicklung wurde. Der arme Bergmann Daniel Knappe fand am Fuße einer mächtigen Tanne eine reiche Silberader. Das „Große Bergkgeschrey" zog übers Gebirge. Bereits nach 50 Jahren gehörte Annaberg zu den reichsten und mächtigsten Städten Sachsens. Das benachbarte Buchholz wurde als St. Katharinenberg im Buchholz 1501 von Friedrich dem Weisen gegründet. Seit 1485 verlief die Landesgrenze des ernestineschen und des albertinischen Sachsens im Tal der Sehma zwischen beiden Städten. Während Annaberg im albertinischen Sachsen bis zum Tod Herzog Georgs 1539 streng katholisch blieb, trat in Buchholz die Reformation ihren Siegeszug an. 1945, nach Ende des 2. Weltkrieges, wurden beide Städte, nicht ganz freiwillig, auf Erlass des russischen Stadtkommandanten vereinigt. In den 50er-Jahren stieg die Einwohnerzahl auf mehr als 35.000. Nicht zuletzt durch den aufflammenden Uranerzbergbau der SDAG Wismut.

Sehenswürdigkeiten

Einen Bummel durch die Altstadt beginnt man am besten auf dem Marktplatz. Umschlossen von mehrgeschossigen Bürgerhäusern bildet er das Zentrum der Stadt. Dominant präsentiert sich das Rathaus. Seine Vorgänger aus der Mitte des 16. Jahrhunderts wurden mehrfach zerstört, und so datiert man das heute existierende Gebäude auf das Jahr 1751. Gegenüber befindet sich das Haus des Gastes Erzhammer – heute ein Kultur- und Freizeitzentrum, in dem sich auch die Tourist-Information der Stadt befindet. Diese ist gleichzeitig der Eingangsbereich zur Manufaktur der Träume, der neusten Attraktion der Kreisstadt. Das 2010 eröffnete Museum zeigt auf drei Etagen die faszinierende Sammlung der Schweizerin Erika Pohl-Ströher. Erzgebirgische Volkskunst wird hier einmal ganz anders, ganz modern präsentiert. Sehen – machen – staunen, so die Dreiteilung der Exposition (Buchholzer Straße 2, Tel.: 0 37 33/1 94 33, www.manufaktur-der-traeume.de, tgl. 10 – 18 Uhr).

Nur wenige Schritte weiter wartet das Adam-Ries-Museum auf interessierte Besucher. Die Exposition ist einem der großen Söhne der Stadt gewidmet. Zwar wurde der Rechenmeister Adam Ries nicht hier geboren, doch lebte und arbeitete er von 1525 bis zu seinem Tod 1559 in dem liebevoll restaurierten Haus. Hier erfährt man viel über das Wirken des Adam Ries. Mit seinem

IV UNTERWEGS IM ERZGEBIRGE

BESUCHERBERGWERK

Wer unter der Vielzahl der Besucherbergwerke etwas Besonderes sucht, der ist in Cunersdorf an der richtigen Stelle. Das Besucherbergwerk Dorothea Stolln/Himmlisch Heer hat sich seine Ursprünglichkeit mehr als andere erhalten. Bereits 1530 lässt sich hier der erste Silberbergbau nachweisen. Auf diesen uralten Spuren fährt der Besucher tief in den Berg hinein. Historische technische Anlagen und Geräte faszinieren ebenso wie die mühevoll mit Hammer und Schlägel aus dem Fels gebrochenen Stollen. Die in Stein gemeißelten Spuren der Knappen haben die Jahrhunderte überdauert. Die Silbergänge Himmlisch Heer gehörten zu den ergiebigsten ihrer Zeit. Später wurden dann auch Kobalt- und Nickelerze sowie Uranpechblende abgebaut. Der Höhepunkt der Befahrung ist für die meisten Besucher eine Bootsfahrt unter Tage – eine Einmaligkeit im Erzgebirge.
Besucherbergwerk Dorothea Stolln/Himmlisch Heer, OT Cunersdorf, Dorotheenstraße 2, Tel.: 03733/66218; www.dorotheastolln.de. Rundgänge zwischen zwei und fünf Stunden werden angeboten. Mo bis Fr 07 – 15 Uhr, Sa 10 und 14 Uhr.

Werk „Rechnung auff der linihen und federn" revolutionierte er die Mathematik seiner Zeit nachhaltig. Bis heute ist die geflügelte Redewendung „Das macht nach Adam Ries…" gebräuchlich (Johannisgasse 23, Tel.: 0 37 33 / 2 21 86, www.adam-ries-bund.de, Di – So 10 – 16 Uhr).
Schräg gegenüber dem Rathaus, in der Magazingasse, steht die recht unscheinbare Bergkirche St. Marien. Sie ist die einzige Knappschaftskirche Sachsens. Errichtet 1502 bis 1510, wurde sie von den Bergleuten selbst bezahlt. Heute beherbergt sie den Annaberger Krippenweg, eine meisterhaft geschnitzte Großkrippe mit insgesamt 32 Figuren, die dem Annaberger Alltag des 16. Jahrhunderts entlehnt wurden. So wird Joseph als Bergmann dargestellt (tgl. 10 – 17 Uhr).
Die Große Kirchgasse verbindet den Markt mit der St. Annenkirche. Sie zählt zu den schönsten und größten spätgotischen Hallenkirchen Deutschlands. Erbaut wurde sie von 1499 bis 1525. Der prachtvolle Innenraum wird von einem markanten Schlingrippengewölbe überspannt. Zu den beherbergten Kunstschätzen gehört der berühmte Bergaltar von Hans Hesse. Er ist einer der ersten bildlichen Darstellungen des Arbeitsalltages der Bergleute. Sehenswert sind außerdem u.a. die „Schöne Tür" von Hans Witten und eine Walcker-Orgel aus dem Jahre 1884, deren 4000 Pfeifen natürlich ein Erlebnis für die Ohren versprechen. Ein visuelles Erlebnis ist hingegen der Blick vom Kirchturm, dessen Besteigung möglich ist (Kleine Kirchgasse 23, Tel.: 0 37 33 / 2 31 90, www.annenkirche.de, Mo – Sa 10 – 17, So 12 – 17 Uhr).
Gegenüber der Kirche befindet sich das Erzgebirgsmuseum mit dem Besucherbergwerk im Gößner. Das Museum öffnete bereits 1887 als „Museum erzgebirgischer Alter-

tümer" seine Pforten. Es gestattet Einblicke in die Stadtgeschichte sowie den Altbergbau und zeigt sakrale Kunst, Handwerkerzeugnisse sowie historische Maschinen der Posamenten- und Bortenindustrie, die in der Region über Jahrhunderte eine bedeutende Rolle gespielt haben. Der Eingang zum Besucherbergwerk im Gößner befindet sich im Innenhof des Museums. Das 500 Jahre alte Gangsystem aus der Zeit des Silberbergbaus wurde Anfang der 90er-Jahre entdeckt. Es entführt heute Interessierte in die Unter-Tage-Arbeitswelt der Altvorderen (Große Kirchgasse 16, Tel.: 0 37 33 / 2 34 97, www.annaberg-buchholz.de, tgl. 10 – 17 Uhr).

Doch auch außerhalb der historischen Stadtmauer, von der noch Teilstücke zu sehen sind, gibt es Ziele, die man sich nicht entgehen lassen sollte. So im Stadtteil Buchholz den Marktplatz mit einem Denkmal des Stadtgründers Friedrich der Weise und der im Krieg völlig zerstörten St. Katharinenkirche, die heute ihre Gottesdienstbesucher wieder in alter Schönheit empfängt. Von der Teufelskanzel, die oberhalb der Buchholzer Siedlung liegt, lohnt ein Blick auf Annaberg. Auch die Schreckenbergruine hoch über Frohnau sowie der Pöhlberg selbst versprechen weite Blicke übers Erzgebirge.

Zurück im Tal, in Frohnau, direkt am Flüsschen Sehma, steht mit dem Technischen Museum Frohnauer Hammer eines der beliebtesten Ausflugsziele der Region, das seit Jahrzehnten hunderttausende Besucher in seinen Bann gezogen hat. Höhepunkt des Museumsrundgangs ist das mehr als 300 Jahre alte Hammerwerk, in dem

▶ *Die St.-Annen-Kirche in Annaberg.*

IV UNTERWEGS IM ERZGEBIRGE

BESUCH BEIM STOLLENBÄCKER !TIPP

Wer in der Adventszeit ins Erzgebirge reist, kommt an einer kalorienreichen Verführung kaum vorbei – dem Erzgebirgischen Weihnachtsstollen. Möchte man nun nicht einfach nur ein Stückchen Stollen zum Kaffee genießen, sondern etwas mehr über dieses traditionelle Gebäck erfahren, dann sei ein Besuch beim Stollenbäcker empfohlen. In der Hutzenstube der Annaberger Backwaren GmbH kann man nicht nur die verschiedenen Sorten verkosten und kaufen, sondern es erwartet die Gäste eine gemütliche Kaffeerunde mit erzgebirgischer Volksmusik und ein Rundgang durch die Backstube, sprich ein Blick über die Schulter des Stollenbäckers.
Annaberger Backwaren GmbH
OT Geyersdorf, Alte Königswalder Straße 1, Tel.: 0 37 33 / 50 20,
www.annaberger-backwaren.de

man die zentnerschweren, von einem mächtigen Wasserrad angetriebenen Schmiedehämmer in Aktion erleben kann (OT Frohnau, Sehmatalstraße 3, Tel.: 03 47 33 / 2 20 00,
www.annaberg-buchholz.de,
tgl. 9 – 12, 13 – 16 Uhr).
Vom Frohnauer Hammer ist es dann nur noch ein Katzensprung bis zum Besucherbergwerk Markus-Röhling-Stolln. Bereits 1500 wurden hier die ersten Schläge in den Fels gesetzt, sprich der Stollen aufgeschlossen. Seine eigentliche Bedeutung erlangte er jedoch erst 1733, als man einen Hauptergang fand. Bereits 1857 kam der Bergbau zum Erliegen, und erst in den 50er-Jahren des vorigen Jahrhunderts ging die SDAG Wismut auf ihrer Suche nach Uran erneut daran, den Markus-Röhling-Stolln weiter aufzufahren. Eine Fahrt per Grubenbahn entlang der Spuren von mehr als 500 Jahren Bergbaugeschichte ist aus diesem Grund heute wie eine Reise unter Tage. Zum Stollen gehört auch die hoch über dem Tal liegende Bergschmiede mit dem Pferdegöpel Markus-Röhling-Treibeschacht (OT Frohnau, Sehmatalstraße 15, Tel.: 0 37 33 / 5 29 79, www.roehling-stolln.de, tgl. 9 – 16 Uhr).

ESSEN & TRINKEN
✕ *Süße Sünden*
„Schokoguschˊl"
Museumsgasse 1
Tel.: 0 37 33 / 4 26 97 35
www.annaberger-backwaren.de
Hier dreht sich fast alles um süße, sündige Verführungen aus Schokolade. Und wer mehr möchte als nur Naschen, kann sogar den Schokoladenmachern über die Schultern schauen. Tgl. 10 – 18 Uhr.

SPORT & FREIZEIT
Schwimmhalle Atlantis
Chemnitzer Straße 30
Tel.: 0 37 33 / 67 89 39
www.sf-ana.de
Mi/Do 11 – 22 Uhr, Mi/Fr/Sa/So 10 – 22 Uhr, Mo geschlossen, Tageskarte Erw. 8 €, Kinder 5 €, Stundenkarte 3,50/2,50 €.

DIE MITTE IV

▶ Höhepunkt der Adventszeit: Weihnachtsmarkt in Annaberg-Buchholz.

MIT KINDERN UNTERWEGS

Manufaktur der Träume
Buchholzer Straße 2
Tel.: 0 37 33 / 1 94 33
www.manufaktur-der-traeume.de
tgl. 10-18 Uhr, Erw. 7 €, Kinder 4 €. Moderne Museumswelt rund um die Erzgebirgische Volkskunst und Spielzeug, in der auch Kinderträume wahr werden.

Wildtiergehege am Pöhlberg
Ernst-Roch-Straße
Seit mehr als 30 Jahren bieten die Wildgatter verschiedenen, hauptsächlich heimischen Tieren Platz. So zum Beispiel Kaninchen, Enten, Eseln, Hängebauchschweinen, Ziegen und Schafen. Aber auch Waschbären, Damwild, Mufflons und Uhus kann man treffen. Besuch kostenlos.

ABENDGESTALTUNG

Gloria Filmpalast
Buchholzer Straße 10
Tel.: 0 37 33 / 2 31 26
www.gloria-annaberg.de
Seit Generationen beliebtes Stadtkino mit drei Sälen und modernster, digitaler Vorführtechnik.

Eduard-von-Winterstein-Theater Annaberg
Buchholzer Straße 67
Tel.: 0 37 33 / 14 07
www.winterstein-theater.de
Traditionsreiches Schauspiel- und Musiktheater mit teils sehr beachtenswerten Inszenierungen.

HECKENERLEBNISPFAD HAGEBUTTENWEG !TIPP

Der 10 km lange Naturlehrpfad verbindet die Gemeinden Mildenau, Königswalde und den Annaberger Ortsteil Geyerdorf. Er führt, auch von Radfahrern nutzbar, entlang von Wiesen, Feldern und Heckenlandschaften. Immer dabei – das Maskottchen, die Hagebutte.

UNTERWEGS IM ERZGEBIRGE

SERVICEINFO
Tourist-Information
Buchholzer Straße 2
Tel.: 0 37 33 / 1 94 33
www.annaberg-buchholz.de
täglich 10 – 18 Uhr.

▶ MILDENAU
3.500 Einwohner

Etwa 5 km östlich von Annaberg-Buchholz liegt mit der Gemeinde Mildenau ein Dorf, in dem man ländliche Ruhe genießen kann. Die erste urkundliche Erwähnung reicht ins Jahr 1270 zurück. Wie viele andere Täler des Erzgebirges wurde es von Siedlern, teils aus dem fernen Franken, urbar gemacht, die in der Hoffnung auf ein besseres Leben ins Erzgebirge gezogen waren. So wie Arnsfeld, mit dem es eine Einheitsgemeinde bildet, ist Mildenau bis heute in seiner Besiedlungsstruktur ein typisches Landhufendorf geblieben. Zahlreiche Drei- und Vierseitenhöfe vermitteln einen Eindruck vom dörflichen Leben vergangener Zeiten. Die Ortsteile Mittelschmiedeberg, Oberschaar und Plattenthal komplettieren die Gemeinde. Interessant und durchaus beeindruckend sind die Heckenstrukturen, die die Felder und Wiesen abgrenzen. Sie unterstreichen das Profil der Erzgebirgslandschaft. Sehenswert ist die Evangelisch Lutherische Kirche des Ortes, die weit sichtbar über der Gemeinde thront.

ESSEN UND TRINKEN
Gute Hausmannskost

Gaststätte und Pension „Bergblick"
Dorfstraße 179
Tel.: 0 37 33 / 5 86 99
www.pension-bergblick-mildenau.de
Familiär geführtes Haus mit guter Hausmannskost, moderaten Preisen und einer Kegelbahn. Mo/Mi/Fr ab 17 Uhr, Sa/So ab 11 Uhr, Di/Mi Ruhetag.

Serviceinfo
Gemeindeverwaltung Mildenau
Dorfstraße 95
Tel.: 0 37 33 / 56 55 20
www.mildenau.de.

▶ SCHLETTAU
2.500 Einwohner

Das Bergstädtchen Schlettau im Tal der Zschopau gehörte einst den

▶ *Schloss Schlettau.*

Schönburgern und fiel damit unter die Oberhoheit des Böhmischen Königs. Das änderte sich 1413 durch ein Tauschgeschäft. In der Folge gehörte es zum Kloster Grünhain. Doch bereits wenige Jahrzehnte später sind erste städtische Rechte in erhaltenen Dokumenten zu finden. Die Stadt wurde zum wichtigen Wegeposten an der historischen Salzstraße von Halle nach Prag. In zahlreichen Gruben wurde nach Silber und Zinn gegraben. Ab Mitte des 19. Jahrhunderts wird die Borten- und Spitzenweberei zu einem wichtigen Erwerbszweig. Seit 1996 gehört die etwa 3 km entfernt gelegene Gemeinde Dörfel zur Stadt. Hauptsehenswürdigkeit ist das Schloss Schlettau. Noch vor wenigen Jahrzehnten wagte man kaum, von der Wiederauferstehung des alten Gemäuers zu träumen. Bereits im 12. Jahrhundert als Wasserburg errichtet, verlor es später seine Bedeutung, wurde kaum noch genutzt und verfiel allmählich. Als sich ein Förderverein für das Schloss gründete, konnte dieser kaum mehr als eine Ruine mit Park übernehmen. Doch es ist ihm und anderen fleißigen Helfern gelungen, das hochherrschaftliche Ensemble in seine alte Schönheit zu versetzen. Selbst der Schlossgeist ist wieder zurück gekommen. Heute beherbergt es ein Zentrum für Wald- und Wildgeschichte Im alten Rittersaal, und im Schlosspark finden stimmungsvolle Konzerte statt. Besonders beliebt sind nächtliche Führungen im Fackelschein durch das dann recht verwunschen wirkende Schloss. Im Weinkeller wird regelmäßig zu rustikalen Tafelrunden unter Rittern und Mönchen geladen (Schlossplatz 8, Tel.: 0 37 33 / 6 60 19, www.schloss-schlettau.de, Di bis Fr 10 – 17, Sa 14 – 17 und So 13 – 17 Uhr).

Ein interessantes Ziel, nicht nur für junge Leute, ist das Naturschutzzentrum Erzgebirge im OT Dörfel. In der Einrichtung finden sich praktischer Naturschutz und Umweltbildung mit den dazu gehörigen Dienstleistungen unter einem Dach vereint. Da gibt es verschiedene Exkursionen, Vorträge, und auch das Gelände selbst ist ein Erkundungsgebiet für Naturliebhaber. Das Zentrum bietet auch Übernachtungsmöglichkeiten (OT Dörfel, Am Sauwald 1, Tel.: 0 37 33 / 5 62 90, www.naturschutzzentrum-erzgebirge.de).

ESSEN UND TRINKEN
✕ *Herrschaftlich*
Restaurant und Café Schloss Schlettau
Schlossplatz 8
Tel.: 0 37 33 / 60 80 55
www.schloss-schlettau.de
Gepflegte, gut bürgerliche Küche im herrschaftlichen Ambiente. Aber im rustikalen Weinkeller auch tafeln wie die alten Rittersleut. Di bis Do 11.30 – 18, Fr/Sa 10.30 – 22, So 11.30 – 21 Uhr.

IV UNTERWEGS IM ERZGEBIRGE

SERVICEINFO
Stadtverwaltung Schlettau
Markt 1, Tel.: 0 37 33 / 6 80 70
www.schlettau-im-erzgebirge.de.

▶ TANNENBERG
1.200 Einwohner

Die kleine Gemeinde erstreckt sich entlang der Zschopau, ihr einziger Ortsteil Siebenhöfen am Geyersbach. Erstmals erwähnt wurde Tannenberg im Jahre 1411. Das im Zentrum des Ortes befindliche Rittergut hatte bis ins 20. Jahrhundert hinein eine große Bedeutung. Bereits 1912 zog die Gemeindeverwaltung in die historischen Mauern, wo sie bis heute „residiert". Es ist zum einen die den Ort umgebende Landschaft, die einen Besuch in Tannenberg lohnt, doch ist man im Ort, sollte man auch dem historischen Paßklausenturm etwas Zeit opfern und in der St.-Christophorus-Kirche vorbeischauen. In ihr ist ein von Christoph Walter geschnitzter Altar aus dem Jahre 1512 besonders sehenswert. Das Alter des Paßklausenturms ist nicht genau bekannt. Man nimmt an, dass er im 12. Jahrhundert als Bestandteil einer Wasserburganlage entstanden sein könnte. Gedacht war er zur Überwachung der hier verlaufenden alten Handelsstraße. Seine Schutzfunktion verlor er aber mit Erfindung des Schießpulvers. Gut möglich, dass er später noch als Einkehrstätte und Rastplatz für Fuhrleute und Händler genutzt wurde. Der heutige Name „Paßklausenturm" lässt das vermuten. Er zählt zu den besterhaltenen Denkmalen seiner Art im Erzgebirge.

Für Technikinteressierte lohnt der Abstecher ins Technische Denkmal Heizhaus. Errichtet im Bauhausstil, beherbergt es eine historische MAN-Dampferzeugungsanlage aus dem Jahre 1925. Bis 1992 war diese Anlage komplett in Betrieb (Annaberger Straße 42, Tel.: 0 37 33 / 56 19 19 bzw. 55 50 90, www.tannenberg.echt-erzgebirge.de). Leider war bei Drucklegung des Reiseführers noch nicht bekannt, ob und wie der Führungsbetrieb wieder möglich sein wird.

ESSEN UND TRINKEN
⇌✕ *Traditionelle Gastlichkeit*
Landhotel „Zum Hammer"
Untere Dorfstraße 21
Tel.: 0 37 33 / 5 29 51
www.zumhammer.de
Früher war es Herrenhaus und Schankstube in einem. Heute ist es ein gemütlicher Gasthof mit einer gepflegten, regionalen Küche und einem komfortablen kleinen Hotel. Mo bis Fr ab 15 Uhr, Sa/So ab 11 Uhr.

BERGPARTIE

Wer etwas mehr über die Basaltsäulen erfahren möchte und dazu noch Lust zu einer abwechslungsreichen, auch kurzen Kletterpartie hat, der sollte den wildromantischen Aufstieg über den Naturlehrpfad Basaltweg auf den Gipfel wählen. Festes Schuhwerk ist dabei allerdings Pflicht.

DIE MITTE IV

SERVICEINFO
Gemeindeverwaltung Tannenberg
Rittergut 1, Tel.: 0 37 33 / 5 28 20
www.tannenberg.echt-erzgebirge.de

▶ SCHEIBENBERG
2.200 Einwohner

Die Gründung der Stadt war mit den reichen Silberfunden in der Region und dem damit notwendigen, starken Zuzug von Menschen verbunden. Im Jahre 1522 sahen die Grundherren Wolf und Ernst von Schönburg keine andere Alternative mehr, um die drohende Abwanderung von Arbeitskräften zu verhindern. Bereits 1530 erhielt der Ort das Stadtrecht, ein Jahr später die Bergfreiheit, und 1539 hielt die Reformation Einzug. Schon Ende des 16. Jahrhunderts kam der Bergbau zum Erliegen. Die Bedeutung der Stadt schrumpfte. Überregional bekannt ist der Ort unter Historikern als Wirkungsstätte des Pfarrers Christian Lehmann (1611 – 1688). Lehmann war einer der besten und verlässlichsten Chronisten des Erzgebirges. Seine umfangreichen, detailgenauen Niederschriften auch über das Alltagsleben der einfachen Bürger lieferten und liefern der Geschichtsforschung über das Erzgebirge bis heute wertvolles Studienmaterial. Er führte seine Heimatgemeinde auch durch die schrecklichen Wirren des Dreißigjährigen Krieges, in dessen Verlauf die Stadt immer wieder Plünderungen und Brandschatzungen ausgesetzt war.

Heute ist Scheibenberg ein kleines, liebens- und wohnenswertes Städtchen, das nicht zuletzt auch von seiner Lage am Fuße des gleichnamigen Berges profitiert. Das Heimatmuseum hat seinen Platz in einem schönen Barockgebäude am Markt gefunden. Es entführt auf eine Zeitreise, wobei besonders Handwerk und Gewerke der vergangenen 200 Jahre dargestellt werden (Markt 1, Tel.: 03 73 49 / 82 45, www.scheibenberg.de, Di bis Do 10 – 16 Uhr, Sa 15 – 16.30 Uhr). Der gleichnamige Berg Scheibenberg (807 m) überragt die Stadt deutlich. Seine mächtigen Basaltsäulen, auch als Orgelpfeifen bekannt, sind ein Anziehungspunkt für Touristen aus nah und fern. Bereits 1892 erhielt der Berg einen Berggasthof mit Aussichtsturm. Das Original musste 1971 gesprengt werden. 1994 wurde ein neuer Turm eingeweiht. Etwas futuristisch ragt er in die Landschaft und bietet von seiner 28 m hohen Aussichtsplattform einen tollen Blick aufs Erzgebirgsvorland.

EIN KÜHLES BLONDES !TIPP

Im Ortsteil Oberscheibe braut eine der kleinsten Brauereien des Erzgebirges ein Bier, das den Nerv zahlreicher Bierliebhaber trifft. Und das schon seit fast 200 Jahren. Eine Brauereibesichtigung inklusive Verkostung ist möglich. Anmeldung und Terminabsprache: Brauerei Fiedler, Tel.: 03 73 49 / 82 49, www.brauerei-fiedler.de.

IV UNTERWEGS IM ERZGEBIRGE

ESSEN UND TRINKEN
Am Wasser
✕ **Wiesner´s Teichwirtschaft**
Elterleiner Straße 10
Tel.: 03 73 49 / 83 26
www.wiesners-teichwirtschaft.de
Beim Schlemmen im Grünen, von Fischteichen umgeben, spielt natürlich Fisch auch auf der Speisekarte eine Rolle. Urige Gemütlichkeit wird groß geschrieben, auch im Biergarten. Mo/Mi bis Fr 17 – 20, Sa/So 11 – 20 Uhr, Di Ruhetag.

SERVICEINFO
Stadtverwaltung Scheibenberg
Rudolf-Breitscheid-Straße 35
Tel.: 03 73 49 / 66 30
www.scheibenberg.de.

▶ GEYER
3.700 Einwohner

Das kleine Städtchen Geyer kann nicht nur auf eine lange Geschichte zurückblicken. Bereits 1315 begann der Bergbau, und nur wenig später wurde der Wehrturm errichtet, der bis heute eine Rolle spielt. Geyer gehört auch zu den Orten, die den Touristen viel zu bieten haben. So gehört das Bergbau- und Naturdenkmal Binge zu den wichtigsten Wahrzeichen der Stadt. Zwei Bingebrüche in den Jahren 1704 und 1804 ließen einen riesigen Einbruchkrater zurück. Er hat einen Durchmesser von mehr als 200 m und eine Tiefe von bis zu 60 m. Damit ist er ein beeindruckendes Zeugnis für die Gefahren, die der Bergbau auch an der Erdoberfläche mit sich bringt. Kammerabbau in Verbindung mit Feuersetzen, gebräuchliche Methoden in der Zeit des Altbergbaus, war die Ursache für diese beiden Unglücke. Bis heute ruhen zwei verschüttete Bergleute unter den tonnenschweren Gesteinsmassen. Durch die Binge führt ein Lehrpfad, der nicht nur auf geologische Besonderheiten hinweist, sondern auch über seltene Tiere und Pflanzen Auskunft gibt. Im Sommer werden geologische Führungen organisiert (Tel.: 03 73 46 / 9 30 87). Der Lotterhof ist ein einzigartiger Beweis der Renaissancearchitektur des Erzgebirges. Er wurde 1566 vom kurfürstlichen Baumeister Hieronymus Lotter errichtet, dessen Handschrift auch die Augustusburg und das Leipziger Rathaus prägt. Leider war das Baudenkmal vom Zerfall bedroht. Heute kümmert sich der Förderverein Kulturmeile um seine Erhaltung (Am Lotterhof 1, Tel.: 03 73 46 / 9 15 64, www.kulturmeile-geyer-tannenberg.de). Auf jeden Fall ins Besuchsprogramm gehört das Turmmuseum. Der 42 m hohe Wehrturm, damit eines der Wahrzeichen der Stadt, stammt aus dem 14. Jahrhundert und beherbergt seit 1952 das städtische Museum. Bestimmt von der Form des Turmes, verteilt sich die Exposition auf sieben Etagen. Da gibt es manch Interessantes und auch Kurioses zu entdecken. Doch es sind nicht nur die Ausstellungsstücke, allein das architektonische Innenleben des Turms ist Grund genug

DIE MITTE IV

für einen Besuch (Am Lotterhof 10, Tel.: 03 73 46 / 12 44, www.stadt-geyer.de, Di bis Do 10 – 15, Sa 10 – 16 Uhr, Erw. 3,50 €, Kinder 1,50 €). Eisenbahnfreunde erwartet am alten Lokschuppen ein Denkmal der Verkehrsgeschichte. Dort wird eine historische Dampflok mit Personen- und Packwagen sowie viel Zubehör liebevoll gepflegt. Im neuen Glanz erstrahlt auch die Postdistanzsäule am Marktplatz.

ESSEN UND TRINKEN
✗ *Süße Verführungen*
Café am Altmarkt
Altmarkt 15
Tel.: 03 73 46 / 9 18 02
www.annaberger-backwaren.de
Der richtige Platz für große und kleine Schleckermäulchen. Torte, Kuchen und andere Leckereien aus der Annaberger Backstube. Aber auch kleine Snacks und belegte Brötchen für alle jene, die etwas Herzhafteres vorziehen. Mo bis Sa 7 – 18, So 7 – 10 und 13 – 18 Uhr.

Sport und Freizeit
Greifenbachstauweiher (Geyerischer Teich)
Thumer Straße
Tel.: 03 73 46 / 14 54
www.campingpark-greifensteine.de
Der Teich ist eine der ältesten Talsperren Sachsens. Etwa 23 Hektar Wasserfläche laden zum

▶ *Pyramiden in Groß und Klein schmücken auch Geyer.*

UNTERWEGS IM ERZGEBIRGE

Schwimmen, Surfen, Segeln und Spielen ein. Es gibt einen Abenteuerspielplatz, eine Riesenrutsche, Minigolf und vieles mehr für die ganze Familie. Von Wald umgeben, zieht der Teich gemeinsam mit dem Camping- und Caravanplatz jährlich tausende Besucher an.

MIT KINDERN UNTERWEGS
Freizeitbad Greifensteine
Attraktives Spaßbad mit Wellenbecken, Wildwasserkanal, tollen Rutschen, Kinderbecken, Wassergrotte und vielem mehr. Der Übergang zur Sauna ist möglich.
Badstraße 2
Tel.: 03 73 46 / 10 61 00
www.freizeitbad-greifensteine.de
täglich von 10 – 20 Uhr, Fr/Sa bis 22 Uhr. Tageskarte Erw. 13 €, Kinder 10,50 €, 2 Stunden 9 bzw. 6,50 €, Familientarif 29 bzw. 20 €.

SERVICEINFO
Tourist-Information Geyer
Altmarkt 1, Tel.: 03 73 46 / 1 05 21
www.stadt-geyer.de.

NATURBÜHNE GREIFENSTEINE
!TIPP

Am Fuße des Greifensteinmassives liegt eine der schönsten Felsenbühnen Europas. Seit 1931 finden auf ihr regelmäßig Theateraufführungen statt. Bespielt wird sie vom Ensemble des Eduard-von-Winterstein-Theaters Annaberg-Bucholz.
Ob der Räuber Hotzenplotz seine Streiche spielt, der Wildschütz Karl Stülpner auf die Jagd pirscht oder im Wirtshaus im Spessart manch turbulente Szene über die Bühne geht: Die Aufführungen von Juli bis Anfang September sind immer ein tolles Spektakel für die ganze Familie. Außerdem wird das Areal mit seinen etwa 1.200 Sitzplätzen auch für Open-Air-Konzerte genutzt.

DIE MITTE IV

▶ EHRENFRIEDERSDORF

4.900 Einwohner

Direkt an der B95 gelegen, ist diese Straße für die Stadt Fluch und Segen zugleich. Ein Segen, weil man damit bestens erreichbar und für manchen Touristen auf dem Weg nach Annaberg und Oberwiesenthal ein interessanter Zwischenstopp ist. Fluch, weil sich besonders in Saisonzeiten wahre Autokolonnen durch das Stadtzentrum wälzen. Dabei ist Ehrenfriedersdorf selbst als Endziel für einen Kurzurlaub bestens geeignet. Auch das Gebiet um die Stadt wurde Mitte des 12. Jahrhunderts besiedelt. 1339 wurde „Erinfritstofr" erstmals urkundlich erwähnt, und bereits im 15. Jahrhundert erhielt es das Stadtrecht. Über einige Zeit hinweg zählte sich die Stadt zu den reichsten im Erzgebirge. Zu den größeren Städten gehört sie mit ihren knapp 5.000 Einwohnern bis heute. Es war der Zinnbergbau, der bis Anfang der 90er-Jahre des vorigen Jahrhunderts für Arbeitsplätze und Wohlstand sorgte.

Das Besucherbergwerk Ehrenfriedersdorf ist Touristenmagnet Nummer 1 im Ort. Auf dem Sauberg gelegen, kann man hier begleitet von sachkundigen Führern, in die Tiefe des Berges fahren. Etwa 100 m führt die Seilfahrtanlage, die über Jahrzehnte tausende Kumpel zum Arbeitsort gebracht hat, in die Tiefe. An Originalarbeitsplätzen mit Originaltechnik wird ein recht eindrucksvolles Bild von der Arbeit und den Arbeitsbedingungen der Bergleute vermittelt. Die normale Touristikführung dauert circa 1,5 Stunden, Erlebnisführungen bringen es auf 3 Stunden, und ab und an werden Spezialführungen für besonders Bergbau- oder Mineralieninteressierte organisiert, die dann durchaus 6 oder 7 Stunden im verzweigten Stollensystem unterwegs sind. Außerdem hat man einen Heilstollen eingerichtet, wo Patienten von der extrem sauberen Luft im Inneren des Stollensystems profitieren können. Angeschlossen ist ein kleines mineralogisches Museum (Zinngrube Am Sauberg 1, Tel.: 03 73 41 / 25 57, www.zinngrube.de. Erlebnisführungen Di bis So 10 und 14 Uhr, Touristikführungen Sa/So und Schulferien 11/13/15 Uhr).

Das beliebte und viel besuchte Wandergebiet rund um die Greifensteine ist ein weiterer guter Grund für einen Abstecher nach Ehrenfriedersdorf. Zwar reicht der höchste der Kletterfelsen, der über eine Treppe und Leitersysteme auch von „Normalsterblichen" ohne Kletterseil und Haken bezwungen werden kann, nur auf eine Höhe von 731 m ü. NN, doch der Ausblick über das Erzgebirge ist trotzdem grandios. Die sieben turmartigen Granitfelsen sind ein beliebtes Kletterrevier. Weitere sechs von ihnen wurden bei Steinbrucharbeiten abgetragen. Das endete zum Glück 1923. Auf Grund der vielfältigen Tier- und Pflanzenwelt ist das Umfeld der

UNTERWEGS IM ERZGEBIRGE

Greifensteine ein Naturschutzgebiet. Neben den Aussichtsfelsen gibt es ein kleines Heimatmuseum, die Stülpner-Höhle und thematische Wanderwege.

ESSEN UND TRINKEN
In der Felsenwelt
Berghotel „Greifensteine"
Greifensteinstraße 42
Tel.: 03 73 46 / 12 34
www.berghotel-greifensteine.de
Wandern macht hungrig und Klettern auch. Die Mitarbeiter des Berghotels wissen das und steuern mit einer breiten Palette an regionalen Gerichten dagegen. April-Oktober tgl. 11 – 20 Uhr, November bis März Mo/Di Ruhetage, Mi bis So 11 – 20 Uhr.

SERVICEINFO
Fremdenverkehrsverein „Greifensteine" e.V.
Max-Wenzel-Straße 1
Tel.: 03 73 41 / 30 60
www.silberland-greifensteine.de
Mo bis Fr 10-14 Uhr.

▶ THERMALBAD WIESENBAD
3.500 Einwohner

Das Thermalbad Wiesenbad in seiner heutigen Form gibt es erst seit dem 1. Oktober 2005. Im Zuge der Gemeindereform schlossen sich die Orte Neundorf, Schönfeld, Wiesa und Wiesenbad unter diesem Namen zusammen. Dabei reicht die Geschichte der einzelnen Ortsteile natürlich weiter zurück. Im 12. und 13. Jahrhundert besiedelten Thüringer und Franken das Gebiet. Ende des 14. Jahrhunderts finden sich erste Urkunden, die über die Gründung von Wiesa, Neundorf und Schönfeld Auskunft geben. Wiesenbad selbst entstand erst etwas später aus der hochherrschaftlichen Mühle des Ritters zu Wiesa. Im 15. Jahrhundert begann der Bergbau. Gegraben wurde nach Silber, Eisen, Kobalt, Kupfer und Zinn. Zu einem weiteren „Bodenschatz" wurde eine Anfang des 16. Jahrhunderts gefundene warme Quelle, die 1505 als St.-Jacobs-Bad eingeweiht wurde. Während die Erzvorkommen im 18. Jahrhundert versiegten, sprudelte das heiße Wasser weiter ans Tageslicht. So wurde 1956 das Thermalbad Wiesenbad eröffnet. Das eindrucksvollste Gebäude der Großgemeinde ist zweifellos die St.-Trinitatis-Kirche in Wiesa. Nach einer nur 16-monatigen Bauzeit wurde sie im November 1904 feierlich geweiht. Sie ist die einzige echte Jugendstil-Kirche im Erzgebirge. Auf einem Felsen hoch über dem Ort ist sie zum Wahrzeichen von Wiesa geworden.
Ein lohnenswertes Ziel in Thermalbad Wiesenbad ist der sehr attraktiv gestaltete Kurpark. Für kurze Ausflüge bzw. Wanderungen bieten sich Bismarckturm und Himmelmühle an. Heimischen Tierarten und Pferden kommt man im Gestüt „Hohenwendel" näher.

DIE MITTE IV

ESSEN UND TRINKEN
↳✗ Badnah
Hotel und Restaurant „Zur Rosenaue"
OT Wiesenbad, Schulstraße 7
Tel.: 0 37 33 / 65 48-0
www.rosenaue.de
Tgl. 11 – 14, ab 17 Uhr.
Gepflegtes Haus mit ebensolcher Küche in angenehmem Ambiente unweit der Kurklinik.

✗ Mit Überblick
Rasthaus „Kalter Muff"
OT Neundorf, Am Kalten Muff
Tel.: 0 37 33 / 54 23 46
www.kalter-muff.de
Barrierefreies Rasthaus auf der Verbindungsstraße zwischen B95 und B101. Bei Wanderern und Autofahrern gleichermaßen beliebt. Mi bis So 11 – 20 Uhr.

↳✗ Für Süßmäuler
Gutgusch´l zur Eisenbahnromantik
OT Schönfeld, Mittelweg 4
Tel.: 0 38 33 / 59 63 57
www.annaberger-backwaren.de
Das leckere Sortiment der Annaberger Backwaren von Kuchen bis Torte, auch herzhafte Snacks im Umfeld der kleinen Bahnen. Di bis So 10 – 17 Uhr.

SPORT UND FREIZEIT
Thermalbad „Therme Miriquidi"
OT Thermalbad Wiesenbad, Freiberger Straße 33
Tel.: 0 37 33 / 50 40
www.wiesenbad/thermalbad/therme-mirquidi.de
Mo bis Do 14 – 21, Fr 14 – 22, Sa 9 – 22, So 9 – 21 Uhr, Einzelkarte 8,50 €, ermäßigt 7,50 €.
Das Thermalwasser ist fluorid- und eisenhaltig und besitzt einen entspannenden sowie entzündungshemmenden Effekt. Die Temperaturen liegen je nach Becken zwischen 31 und 35 Grad, die Wassertiefe bei 1,35 m. Nackenduschen, Sprudelliegebänke, Massage- und Strömungsdüsen u.v.m. sorgen für Abwechslung.

MIT KINDERN UNTERWEGS
Tropenhaus
OT Wiesenbad, Im Kurpark 2
Tel. 0 37 33 / 50 01 90
www.troparium-butterfly.de
März bis Okt. 10 – 18 Uhr, Nov. bis Febr. 10 – 16.30 Uhr. Erwachsene 5,50 €, Kinder 3 €.
Das Troparium ist eine Mischung aus Schmetterlingshaus, Reptilienzoo und Aquarium. Es warten mehr als 600 Tiere in 100 Arten. Das reicht von farbenfrohen Schmetterlingen über Geckos bis hin zur 4 m langen Riesenschlange. Auch Erdmännchen gibt es. In den Aquarien tummeln sich neben Piranhas und Schlammspringern Elefantenrüsselfische.

Modellbahnland Erzgebirge
OT Schönfeld, Mittelweg 4
Tel.: 0 37 33 / 59 63 57
www.modellbahnland-erzgebirge.de
Di bis So 10 – 17 Uhr. Erw. 8,50 €, Kinder 5 €. Modellbahnfreunde haben hier auf einer Fläche von 770 qm die Eisenbahnwelt im Erzgebirge der 70er-Jahre im Format

IV UNTERWEGS IM ERZGEBIRGE

THERMALBAD *THERME MIRIQUIDI* – DIE GESUNDHEITSQUELLE

Neben einer modernen Kurklinik befindet sich in Thermalbad Wiesenbad die öffentliche Therme Miriquidi. Die warmen Thermalwasserbecken mit ihren Bewegungs- und Ruhezonen, die zahlreichen Badeattraktionen, die Felsendampfgrotte, Sauna und Lichttherapie spenden Körper und Seele neue Kraft und Erholung. Das Thermalwasser ist fluorid- und kohlensäurehaltig und hat einen entspannenden und entzündungshemmenden Effekt.
Lassen Sie sich im Gesundheitszentrum Miriquidi verwöhnen!

Thermalbad Wiesenbad
Gesellschaft für Kur und Rehabilitation mbH · Freiberger Straße 33
09488 Thermalbad Wiesenbad
Tel.: 0 37 33 / 50 40
Fax: 0 37 33 / 5 04 11 88
kur@wiesenbad.de
www.wiesenbad.de

1:32 lebendig werden lassen. Damit ist sie die größte Modellbahnanlage der Spur 1 in Europa. Knapp 700 m Gleise wurden verlegt, 450 Gebäude im Miniaturformat nachgebaut und unzählige Details in die Landschaft eingefügt.

SERVICEINFO
Gästebüro der Kurklinik
Freiberger Straße 33
Tel.: 0 37 33 / 50 40 od.
5 04-14 88
www.thermalbad-wiesenbad.de.
www.wiesenbad.de

▶ MARIENBERG
17.000 Einwohner

Während die meisten Siedlungen im Erzgebirge in Verbindung mit Erzfunden relativ planlos entstanden, sah das bei Marienberg ganz anders aus. Herzog Heinrich der Fromme unterzeichnete am 27. April 1521 die Gründungsurkunde, und fast gleichzeitig entwarf Ulrich Rülein von Calw die Stadt am Reißbrett. Dessen Vorstellungen wurden in die Praxis umgesetzt und Marienberg zur „Krone der Renaissance" im Erzgebirge. Vorbild war die italienische Renaissance mit einem zentralen, quadratischen Marktplatz und einem rechtwinkligen Straßensystem.
Nach zahlreichen Eingemeindungen gehört die Stadt heute zu den flächenmäßig größten Kommunen des Erzgebirges. Sie reicht bis hinauf auf den Kamm an die tschechische Grenze mit Satzung, Reitzenhain,

DIE MITTE IV

Kühnhaide und Rübenau. Insgesamt umfasst die Gemarkung der Stadt 133 qkm.

In der Innenstadt sind es unter anderem die Pfarrkirche St. Marien (1558 – 1564), das Rathaus (1537 – 1539), das ehemalige kurfürstliche Jagdschloss und das Zschopauer Tor, die an die Gründungsjahre und die Hochzeit des Silberbergbaus in der Region erinnern. Ein Kleinod ist das Lindenhäuschen, ein typisches Bergarbeiterwohnhaus aus dem Jahre 1541. Es gilt als ältestes Wohngebäude der Stadt. Zu den bedeutenden Baudenkmälern zählt das Bergmagazin. Der Anfang des 19. Jahrhunderts errichtete Getreidespeicher erstrahlt nach einer sehr aufwendigen Restaurierung in altem Glanz. Neben der Stadtbibliothek hat hier auch das Museum sächsisch-böhmisches Erzgebirge eine Heimstatt gefunden. Das Museum beschränkt sich bei seiner kulturgeschichtlichen Schau nicht auf das sächsische Erzgebirge sondern bezieht auch die böhmische Seite jenseits des Kamms mit ein. Ein Grund dafür, dass die Ausstellung durchweg in deutscher und tschechischer Sprache präsentiert wird (Am Kaiserteich 3, Tel.: 0 37 35 / 66 68 12 90, www.marienberg.de, Di bis So 10 – 17 Uhr, Erw. 3,50 €, Kinder 2 €).

ESSEN & TRINKEN
✕ *Ardäppeln*
Oma´s Kartoffelhaus
Zschopauer Straße 19
Tel.: 0 37 35 / 6 63 40
www.omas-kartoffelhaus.de
Wie der Name schon sagt, spielen Kartoffeln in vielfältigen Variationen die Hauptrolle. Deftiges kommt in rustikalem Ambiente auf den Tisch. Di bis So 11.30 – 14, 17.30 – 23, Fr 17.30 – 24, Sa/So 11.30 – 14, 17.30 – 23 Uhr.

SPORT & FREIZEIT
Erlebnisbad AQUA MARIEN
Am Lautengrund 5
Tel.: 0 37 35 / 68 08-0
www.aquamarien.de
tgl. 10 – 22 Uhr, Tageskarte Erw. 12 €, Kinder 7,50 €.
Wellenbecken, Strömungskanal, Crazy River Familienrutsche u.v.m.

MIT KINDERN UNTERWEGS
Pferdegöpel auf dem Lautaer Rudolphschacht
OT Lauta, Lautaer Hauptstraße 12
Tel.: 0 37 35 / 60 89 68
www.marienberg.de
Seit 2006 hat Marienberg ein Stück Bergbaugeschichte zum „Vorzeigen". Eine 1877 abgerissene Förderanlage entstand neu. Dazu gehört ein Pferdegöpel, ein Treibeschacht, eine Scheidebank und eine Bergschmiede. Di bis So 10.30 – 16.30 Uhr, Erw. 4 €, Ki. 2 €.

SERVICEINFO
Tourist-Information
Markt 1, Tel.: 0 37 35 / 60 22 70
www.marienberg.de
Mo bis Fr 10 – 12.15,
12.45 – 16.30 Uhr.

IV UNTERWEGS IM ERZGEBIRGE

BERGSTADT MARIENBERG – IM ERZGEBIRGE ANKOMMEN

AEROBILD 2000-04509 Löbnitz (Sachsen)

Mit einem herzlichen „Glück auf!" grüßt Sie die Bergstadt Marienberg inmitten des Erzgebirges. Reiche Silberfunde gaben den Anlass zur Stadtgründung im Jahre 1521 durch Herzog Heinrich den Frommen. Ob Stadtgeburtstagsfeier, vorweihnachtliche Bergparaden, Mettenschichten, oder Pobershauer Bergfest – viele Veranstaltungen pflegen die bergbaulichen Traditionen. Doch nicht nur Silberglanz, sondern auch der Gedanke der Renaissance hat die Stadt geprägt. Nördlich der Alpen zeigt die bis heute einzige erhaltene Idealstadtanlage dieser Epoche faszinierende Regelmäßigkeit und Weite. Bei einem Rundgang durch die denkmalgeschützte Stadt entdecken Sie einen der größten quadratischen Marktplätze Europas, das Rathaus mit einem der bedeutendsten Renaissanceportale Sachsens, oder auch die wunderschön sanierte St. Marienkirche.

Die abwechslungsreiche Mittelgebirgslandschaft des Marienberger Umlandes lädt zu jeder Jahreszeit auf Entdeckungstour ein. Gut markierte Wanderwege führen durch Wälder, Täler und Fluren bis hinauf auf den Kammweg Erzgebirge und bis ins Böhmische hinein. Im Winter führt das weit verzweigte Wegenetz als gespurte Loipen durch eine faszinierende Winterlandschaft. Rasanten Ski- und Rodelspaß bieten gleich mehrere Abfahrtshänge.

Fernab von Lärm und Hektik lassen sich herrliche Panoramablicke genießen und beeindruckende Naturbesonderheiten entdecken, wie der „Basaltfächer" auf dem Hirtstein in Satzung oder auch imposante Felsformationen bei Pobershau.

St. Ullmann

K. Hahn

Die Moorgebiete in Kühnhaide oder die Bergwiesen in Rübenau laden zu lehrreichen Erkundungen ein. Bergbaulehrpfade in Marienberg und Pobershau führen entlang vorhandener Spuren der einstigen Bergbautätigkeit.

Das wildromantische Naturschutzgebiet „Schwarzwassertal" zieht sich

DIE MITTE IV

von Pobershau bis nach Kühnhaide und zählt zu den schönsten Flusstälern des Erzgebirges.

R. Bräuer

Das idyllisch gelegene Waldbad „Rätzteich" in Gebirge-Gelobtland erfreut Badegäste aus nah und fern, ganzjährigen Badespaß hingegen bietet das AQUA MARIEN, die größte Wasserwelt in Sachsen.

Museen und Bergwerke gehen den Wurzeln der Geschichte und den bergmännischen Traditionen nach. Das „Museum sächsisch-böhmisches Erzgebirge" im Bergmagazin nimmt Sie mit auf eine grenzüberschreitende Reise durch die Kultur des Erzgebirges. Das Ausstellungszentrum „Böttcherfabrik" und die Galerie „Die Hütte" in Pobershau zeigen tief mit der Heimat verwurzelte Lebenswerke.

Wer die Arbeit der Bergleute hautnah erleben möchte, dem bieten gleich zwei Besucherbergwerke eindrucksvolle Erlebnisse. Das Schaubergwerk „Molchner Stolln" in Pobershau zählt zu den ältesten und schönsten in ganz Sachsen. Das Besucherbergwerk „Pferdegöpel auf dem Rudolphschacht" in Lauta zeigt die Arbeitsweise der einst von Pferden angetriebenen Förderanlage und ist zudem als offener Göpel ein Unikat im Erzgebirge. Der Ortsteil Zöblitz ist durch die jahrhundertealte Tradition der Serpentinsteinverarbeitung weltbekannt geworden. Im hiesigen Heimatmuseum können Sie neben einer voll funktionstüchtigen Serpentinsteindrechselwerkstatt auch viele gedrechselte Kunstwerke aus Serpentinstein besichtigen.

Tourist-Information Marienberg
Markt 1 · 09496 Marienberg
Tel.: 0 37 35 / 60 22 70
Fax: 0 37 35 / 60 22 71
info@marienberg.de
www.marienberg.de

BERGSTADT **MARIENBERG**
Im Erzgebirge ankommen.

UNTERWEGS IM ERZGEBIRGE

Im Vorland
Zwischen Schlössern und Burgen

Dort, wo man vom Vorland spricht, zeigt sich das Erzgebirge landschaftlich von seiner lieblichsten Seite. Die Berge sind eher Hügel, die Täler schlängeln sich sanft an Flüssen entlang. Ein Paradies für alle jene Wanderer, die das Erlebnis Natur lieben, vor vielen Höhenmetern aber zurückschrecken. Zurückschrecken mussten aber hier früher sicher manche Bösewichter, denn zahlreiche Burgen und Schlösser sorgten für die Sicherheit an den Flussübergängen der alten Handelswege.

▶ ZSCHOPAU

9.950 Einwohner

Von Chemnitz sind es nur gute 10 km bis zur ehemaligen Kreisstadt Zschopau. Mit der jüngsten Kreisreform hat sie diesen Status zwar verloren, doch als große Kreisstadt darf sie weiter firmieren. Vor hunderten von Jahren überquerte einer der alten Handelswege zwischen Leipzig und Prag, auch Böhmische Steige genannt, hier die Zschopau. Die erste urkundliche Erwähnung von Zschopau wird datiert ins Jahr 1286. Man ist aber sicher, dass bereits deutlich früher auf dem Bergsporn über dem Fluss der mächtige Wehr- und Wohnturm erbaut wurde. Der „Dicke Heinrich" ist heute das Wahrzeichen der Stadt. Als Aussichtsturm offeriert er einen tollen Blick über Stadt und Fluss und dominiert deutlich das Schloss Wildeck. Keine Frage, er ist das älteste Bauwerk in Zschopau. Der Bergbau brachte der Stadt im 15. Jahrhundert die Privilegien einer Freien Bergstadt. Heute gehören zu Zschopau auch Krumhermersdorf und Wilischtal.

International bekannt wurde die Stadt aber vor allem durch den Motorradbau. Der dänische Unternehmer Skafte Rasmussen entwickelte hier den Zweitakt-DKW-Motor. 1922 startete mit dem Reichsfahrtmodell der unaufhaltsame Aufstieg der Zschopauer Motorenwerke J. S. Rasmussen. Motorräder unter dem Firmennamen DKW begannen ihren Siegeszug weltweit. Fast nahtlos wurde diese Tradition nach dem 2. Weltkrieg fortgesetzt. Unter dem Namen MZ lief die Produktion auf Hochtouren. Leider wurde diese Industrietradition, wie so viele andere in der Region, nach der Wende gekappt. Verschiedene Investoren versuchten, ein neues Kapitel des Motorradbaus aufzuschlagen, leider ohne nachhaltigen Erfolg.

Zwar steht die Altstadt unter Denkmalschutz, doch der Großteil der historischen Bausubstanz wurde bei den verheerenden Stadtbränden 1634 und 1748 zerstört. Sehenswert ist die Stadtkirche St. Martin. Ein Muss für Zschopau-Besucher ist natürlich Schloss Wildeck, gleichzeitig auch das beliebteste Fotomotiv. Dort wartet nicht nur der „Dicke Heinrich" auf Gäste. Die erste Ringmauer, die das Schloss umschließt, geht auf das 12. Jahrhundert zurück. Im 13. Jahrhundert folgte eine erweiterte Burganlage. Der sächsische Kurfürst Moritz war es, der 1545 den Umbau in ein Jagdschloss veranlasste. Dabei wurden drei kleinere Türme abgerissen und das Gebäude um ein Stockwerk erhöht. Vom 17. Jahrhundert bis 1911 war es Sitz des Oberforstamtes. In den Jahrhunderten kam es

GLOCKENSPIEL

Täglich um 9, 13 und 18 Uhr erklingen auf dem Marktplatz die Messingglocken eines Glockenspiels, das Jörgen Skafte Rasmussen der Stadt gestiftet hat. Donnerstags sind sie zusätzlich um 14.15 Uhr zu hören.

zu zahlreichen Umbauten. Unter anderem erhielt der Westflügel ein barockes Mansarddach. Ein erst in den vergangenen Jahren angelegter Barockgarten komplettiert das Schlossensemble. Seit 1994 ist es in städtischem Besitz und wird Stück für Stück restauriert. In einem Teil des Museums befindet sich eine Motorradausstellung. Ein anderes Museum erlaubt spannende Ausflüge in die Geschichte des Buchdrucks sowie in eine Münzwerkstatt (Schloss Wildeck 1, Tel.: 0 37 25 / 28 71 70, www.schloss-wildeck.eu, tgl. 11 – 17 Uhr, Mi geschlossen, Kombiticket für alle Museen, Erw. 7 €, Kinder 4 €).

ESSEN UND TRINKEN

✕ *Hinter Schloss und Riegel*
Schloss-Schänke zu Wildeck
Schloss Wildeck 1
Tel.: 0 37 25 / 28 71 87
www.schlossschaenke-wildeck.de
Wo früher die Gefangenen des Schlosses einsaßen, werden die Gäste heute im außergewöhnlichen Ambiente mit ausgezeichneter Küche verwöhnt. Ganz im Gegensatz zu den früheren „Gästen". Mo/Di/Do 11 – 14/ 18 – 22, Fr/Sa 11 – 22 und So 11 – 20 Uhr.

IV UNTERWEGS IM ERZGEBIRGE

SPORT UND FREIZEIT
Besucherbergwerk
„Heilige Dreifaltigkeit Fundgrube"
Krumhermersdorfer Straße
Tel.: 01 74 / 1 65 61 71
www.zschopau.de
Führungen jeden letzten Sa im Monat 10 – 16 Uhr.
Am Uferweg der Zschopau findet man das kleine Besucherbergwerk, das erstmals 1550 erwähnt wurde. Der Unter-Tage-Weg führt durch niedrige, schmale Gänge und vermittelt so ein recht authentisches Bild der früheren Arbeitsbedingungen.

SERVICEINFO
Tourist-Information
Altmarkt 2, Tel.: 0 37 25 / 28 70
www.zschopau.de.

▶ THUM

5.400 Einwohner

Das Greifensteingebiet, zu dem sich auch Thum zählt, wurde im 12. und 13. Jahrhundert besiedelt. Wie überall in der Region waren es bis zum 16. und 17. Jahrhundert fast nur der Bergbau und die Landwirtschaft, die den Arbeitsalltag bestimmten. Bereits 1445 wurde Thum als „altes, freies Bergstädtlein" bezeichnet. Im späten 17. Jahrhundert entwickelte sich das Posamentierhandwerk zu einer Alternative zum langsam versiegenden Bergbau. In Thum wurde es aber im 18. Jahrhundert bereits von der Strumpfwirkerindustrie abgelöst. In Zusammenhang mit der Gemeindegebietsreform schlossen sich am 1. Januar die Gemeinden Herold, Jahnsbach und die Stadt Thum unter deren Namen zusammen. Die Stadt Thum selbst liegt direkt an der B95.

Sehenswertes

Wenn sie auch hauptsächlich von ihrer Umgebung lebt, so gibt es doch Sehenswertes in der Stadt und ihren Ortsteilen. Allen voran das Rathaus. Das attraktive Gebäude mit dem Löwenportal verkörpert eine Stilmischung aus Renaissance und Barock. Erbauen ließ es Rittergutsbesitzer Ernst von Schwarm im Jahre 1677. 1882 kaufte die Stadt das Herrenhaus für die damals stolze Summe von 31.500 Mark. Seit 1883 beherbergt es die Stadtverwaltung. Hier sind schon viele Bürgermeister ein- und ausgegangen. Die Postdistanzsäule am Markt wurde 1727 errichtet und hatte ihren Platz ursprünglich unterhalb der heutigen Bushaltestelle an der Poststraße. 1977 begann man die zwischenzeitlich anders genutzte Postdistanzsäule wieder zu restaurieren, und seit 1978 gibt sie erneut exakt Auskunft darüber, wie lange die Postkutschen in vergangenen Zeiten bis zu den nächsten Städten gebraucht haben. Das Schnitzmuseum Jahnsbach hat seit 1999 seinen neuen Platz im ehemaligen, nach der Gebietsreform dort nicht mehr gebrauchten Rathaus gefunden. In dem Gebäude an der Straße der Freundschaft 86 können die sehenswerten Exponate nun besser präsentiert werden. Im Rathaus befinden sich auch die Vereinsräume des Schnitz- und Klöppelvereins. Leider hat das Museum keine feste Öffnungszeit. Sporadisch finden Ausstellungen statt, doch regelmäßig dienstags treffen sich um 17 Uhr die Kinder und anschließend die erwachsenen Vereinsmitglieder zum gemeinsamen Schnitzen. Sicher kann man da mal den kleinen und großen Meistern über die Schulter schauen und auch einen Blick ins Museum werfen. Es lohnt sich auf jeden Fall (www.schnitz-museum.de). Im Ortsteil Herold ist das frühere Kalkwerk ein sehr interessantes Industriedenkmal. Der Erzgebirgschronist Christian Lehmann bezieht sich in seinen Aufzeichnungen bereits 1660 auf den Kalkabbau in Herold. So gilt es mit Recht als das älteste Kalk- und Marmorwerk im Erzgebirge. Bis 1854 wurde der Kalk im Tagebau gebrochen, danach musste man unter Tage weiter arbeiten. 1860 wurden zwei Kalkbrennöfen in Betrieb genommen, die bis 1964 genutzt werden konnten. Anfang des 20. Jahrhunderts hat man dann erneut für einige Jahre im Tagebau gearbeitet. 1979 wurde das mittlerweile völlig unrentable Werk geschlossen und anschließend entkernt.

ESSEN UND TRINKEN
✗ *Griechisch*
Taverne Hellas
Chemnitzer Straße 86
Tel.: 03 72 97 / 76 99 91

Griechisches Restaurant mit einer breiten Auswahl ausgezeichneter Klassiker aus dem beliebten Urlaubsland am Mittelmeer. Mo Ruhetag, Di ab 17.30, Mi bis So 11.30 – 14 Uhr und ab 17.30 Uhr.

SERVICEINFO
Touristinformation
Neumarkt 4, Haus des Gastes
Tel.: 03 72 97 / 7 69 28-0
www.stadt-thum.de
Mo bis Do 9 – 12 und 13 – 17, Fr 9 – 12 Uhr. Es gibt eine Vielzahl kostenloser Broschüren über Thum und Umgebung sowie zu Sehenswürdigkeiten des gesamten Erzgebirges.

▶ GELENAU
4.400 Einwohner

Das lang gezogene Waldhufendorf liegt im Norden des Erzgebirgskreises. Gegründet wurde es im Laufe der Besiedlung des Erzgebirges. Seine erste urkundliche Nennung stammt aus dem Jahr 1273. Umgeben von Wald und Wiesen war der Ort über Jahrhunderte hinweg landwirtschaftlich geprägt. Später ließen sich zahlreiche Handwerker nieder, sodass der Ort bereits 1562 eine Maurer-Innung gründen konnte. Der Einzug der Strumpfwirkerei brachte einen völligen Umbruch. 1842 konnte die Gelenauer Strumpfwirkerinnung auf 120 Meister verweisen. An die 700 Strumpfwirkerstühle standen in den Hütten des Ortes. 1862 lebten 1850 Einwohner von der Strumpf-

IV UNTERWEGS IM ERZGEBIRGE

AUSSICHTSTURM

Oberhalb des „Sportareals Erzgebirgsblick" sorgt ein 27 m hoher Aussichtsturm für einen wirklichen Erzgebirgsblick. 136 Stufen geht es hinauf und schon liegen dem Besucher Gelenau und das Erzgebirge zu Füßen. Die exponierte Lage macht es möglich. April bis Oktober tgl. geöffnet.

wirkerei. Nach 1900 entstanden 39 Strumpfbetriebe, unter ihnen einige mit hunderten Beschäftigten. Auch nach dem 2. Weltkrieg blieb Gelenau ein El-Dorado der Strumpfindustrie. Heute gibt es lediglich noch einen kleinen Unternehmer, der sein Brot mit der Herstellung hochwertiger Strümpfe verdient. Gleichzeitig kümmert er sich um das Erste Deutsche Strumpfmuseum. Es wird ein umfangreicher historischer Maschinenpark gezeigt mit Exponaten aus verschiedenen Epochen der deutschen Strumpfwirkerei. Das reicht von einer 12 m langen Cottenmaschine bis hin zu modernen Strickautomaten. Die meisten Maschinen sind voll funktionsfähig und werden vorgeführt. Interessant auch Musterkollektionen vergangener Zeiten (Rathausplatz 1a, Tel.: 03 72 97 / 4 78 24, www.erstes-deutsches-strumpfmuseum.de, Mo – Fr 11 – 15Uhr. Erw. 4 €, Kinder 2,50 €). Sehenswert in den Ausstellungsräumen ist das bewegte Rad der Ortsgeschichte. Es zeigt, meisterhaft geschnitzt von Thomas Voigt, zwölf Szenen aus der Geschichte und der Gegenwart Gelenaus. Im unteren Dorf stößt man auf das DDR-Museum, das, vielleicht etwas gewöhnungsbedürftig, in einer kleinen ehemaligen Kirche seinen Platz gefunden hat. Es zeigt anhand hunderter Exponate das Alltagsleben in der DDR (Straße der Einheit 11, Tel.: 03 72 97 / 70 33, www.gelenau.de, Fr 13 – 17, Sa/So 11 – 17 Uhr, Erw. 2,50 €, Kinder 1,50 €).

Ein neues Ausstellungshighlight im Ort ist das Depot Ströher. Auf 1.800 qm Fläche werden Exponate der Schweizer Sammlung Ströher gezeigt. Erzgebirgische Volkskunst aus vergangenen Tagen bildet den Schwerpunkt. Zugänglich ist das Depot nur zu den regelmäßigen Sonderschauen, so zum Beispiel rund um Ostern und Weihnachten. Dabei wird die ständige Kollektion immer thematisch ergänzt (Emil-Werner-Weg 96, Tel.: 03 72 97 / 60 99 85, www.lopesa.de).

Wer durch den Ort bummelt, wird von den zahlreichen, liebevoll restaurierten Fachwerkhäusern begeistert sein. Geschichtlich interessant sind auch der Rathauskomplex, das ehemalige Rittergut und die Böhm-Mühle mit ihrem Laubengang.

ESSEN UND TRINKEN
Naturnah
Gaststätte und Pension „Waldhof"
Am Waldhof 4
Tel.: 0 37 25 / 2 24 78
www.pension-waldhof.de
Gemütliche kleine Gaststätte mit guter erzgebirgischer Hausmannskost,

IM VORLAND IV

schönem Wintergarten und toller Lage. Mo 10 – 14/17 – 20, Di/Mi/Fr/So 10 – 20, Sa 10 – 22 Uhr.

Sport und Freizeit
Alpine-Coaster-Bahn
Kemtauer Straße
Tel.: 01 78 / 6 20 60 57
www.gelenau.de
Die 580 m lange Sommerrodelbahn macht Kindern und Erwachsenen gleich viel Spaß. Mit bis zu 40 km/h geht es rasant den Berg hinab. April bis Okt. Sa/So 13 – 18, während der Freibadsaison und während der Ferienzeiten tgl. von 13 – 18 Uhr.

Mit Kindern unterwegs
Gelenauer Marionettentheater
Erich-Weinert-Weg 27
Tel.: 09 72 97 / 20 00
www.gelenauer-marionettenspiele.de
Mit Stücken für die ganze Familie sind Helga und Frank Hübner in vielen Bundesländern und auch im Ausland unterwegs. In Gelenau bespielen sie ihr kleines Kellertheater.

ABENDGESTALTUNG
Clubkino Gelenau
Am Ernst-Thälmann-Hain 6
Tel.: 03 72 97 / 72 73
www.gelekino.de
Ländliches Kino mit großem Gemütlichkeitsfaktor.

SERVICEINFO
Gelenauer Infothek
Rathausplatz 1
Tel.: 03 72 97 / 84 96 14
www.gelenau.de

▶ DREBACH
5.700 Einwohner

Das 6 km lange Waldhufendorf, das 1486 erstmals urkundlich erwähnt wurde, hat nach der Gemeindereform ganz schön „zugelegt".

▶ *Beeindruckende Schnitzarbeit zur Geschichte Gelenaus.*

IV UNTERWEGS IM ERZGEBIRGE

Jetzt gehören zur Gemeinde unter anderem auch die Ortsteile Grießbach, Scharfenstein, Wilitzsch und Venusberg. Damit hat Drebach auch deutlich an touristischen Angeboten gewonnen. Doch auch vorher konnte sie schon einiges vorweisen. Genannt sei nur das Rittergut. Heute ist mit dem in Wilitzsch ein weiteres dazugekommen. Die Krokuswiesen sind eine besondere Attraktion und hauptsächlich für den überregionalen Bekanntheitsgrad der Gemeinde verantwortlich. Diese Krokuswiesen stehen unter Naturschutz. Je nach Wetterlage fällt die Blüte in die Zeit von Anfang März bis Ende April. Wenn es dann soweit ist und viele tausende „Nackte Jungfern" den gesamten Ort in ein lila Farbenmeer verwandeln, ziehen wahre Touristenströme auf den ausgeschilderten Wegen vorbei an den 40 Flächendenkmälern und sorgen dafür, dass die sonst beschauliche Ruhe aus Drebach verbannt wird. Zwei bis drei Wochen lang wird der Ort zum Pilgerziel ungezählter Naturfreunde. Nicht weniger bekannt und beliebt ist das Zeiss-Planetarium mit Volkssternwarte. In den 80er-Jahren des vorigen Jahrhunderts entstand aus der vorherigen Schulsternwarte eine Volkssternwarte. Optimalerweise findet man in Drebach Sternwarte und Planetarium unter einem Dach. Fernrohre und ein leistungsstarkes Spiegelteleskop bieten ausgezeichnete Beobachtungsmöglichkeiten des nächtlichen Himmels. Unabhängig von Tageszeit und Wetter garantiert der hochmoderne Zeiss-Projektor spannende Reisen ins All. Das Programm des Planetariums umfasst Kinderprogramme wie „Der kleine Häwelmann", Vorführungen für die ganze Familie, aber auch ganz spezielle Themen für Erwachsene wie „Einstein und die

PLANETENWEG

Von Ehrenfriedersdorf führt ein „Planetenweg" zur Sternwarte nach Drebach. Eine perfekte Einstimmung für den Besuch im Planetarium. Im Maßstab 1:1 Milliarde kann man die Größenverhältnisse in unserem Sonnensystem erahnen. Der Start erfolgt an der „Sonne" in Ehrenfriedersdorf, Zielpunkt ist der Pluto an der Sternwarte. So sind es von der Sonne zur Erde gerade mal 150 m, zum Pluto dagegen 5,9 km.

schwarzen Löcher" (Milchstraße 1, Tel.: 03 73 41 / 74 35, www.sternwarte-drebach.de, Erw. 6 €, Kinder 3 €).

Ein etwas ausgefallenes Thema hat sich das Nummernschildmuseum im benachbarten Großolbersdorf ausgesucht. Auf 350 qm präsentiert es die Geschichte der Nummernschilder, der automobilen Zulassung und der Fahrschulen. Hunderte Exponate aus nah und fern sorgen für einen spannenden Bummel durch automobile Welten (Großolbersdorf, Grünhainer Straße 8, Tel.: 0 37 25 / 8 74 48, www.nummernschildmuseum.de, Di bis Sa 9 – 17, So 10 – 17 Uhr, Erwachsene 2,20 €, Kinder 1,10 €).

ESSEN UND TRINKEN
✕ *Wanderer*
Gasthof im grünen Grund
Im Grund 1, Tel.: 0 37 25 / 7 72 02, www.imgruenengrund.de
Ideales Ziel für Wochenendausflüge. Leckere Hausmannskost zu sehr vernünftigen Preisen. Mo bis Do ab 18 Uhr, Sa/So ab 11 Uhr.

MIT KINDERN UNTERWEGS
Burg Scharfenstein
OT Scharfennstein, Schlossberg 1
Tel.: 03 72 91 / 38 00
www.die-sehenswerten-drei.de
April bis Oktober Di bis So 10 – 17.30 Uhr, Nov. bis März 10 – 17 Uhr. Erw. 5 €, Kinder 4 €.
Die Eigenwerbung der Burg greift hoch: „Erleben und Staunen, Spielen und Entdecken, Probieren und Kaufen – all das können Sie hier." Die trutzige Festung hoch über dem Zschopautal hält viel von dem, was sie verspricht. Dazu gehört nicht nur das eindruckvolle Gemäuer an sich, sondern Ausstellungen zum Beispiel über den bekannten Wildschütz und Volkshelden des Erzgebirges Karl Stülpner. Es gibt ein Weihnachts- und ein Spielzeugmuseum, eine Präsentation Volkskunst mit Augenzwinkern, eine Kreativwerkstatt und nach 100 historischen Stufen einen eindruckvollen Blick vom Bergfried übers Tal.

SERVICEINFO
Gemeinde Drebach
August-Bebel-Straße 25B
Tel.: 0 37 25 / 70 74-0
www.gemeinde-drebach.de.

▶ WOLKENSTEIN
4.000 Einwohner

Die Lage der Stadt und ihres Schlosses machen sie zu einem attraktiven Reiseziel im mittleren Erzgebirge. Etwa 70 m über dem Tal gelegen, stammt die ehemalige Burg auf dem Felsvorsprung wie viele ihrer Schwestern entlang der Zschopau aus dem 11./12. Jahrhundert. Auch Wolkenstein hat den Großteil seiner historischen Bausubstanz bei verheerenden Stadtbränden verloren. Einige Baudenkmäler und Zeugnisse des Altbergbaus sind aber erhalten geblieben, so zum Beispiel die Postdistanzsäule auf dem Markt. Nicht nur in der Stadt selbst, sondern auch in den dazu gehörenden Orts-

IV UNTERWEGS IM ERZGEBIRGE

teilen wie zum Beispiel Warmbad, Schönbrunn und Waldkirchen. Ziel Nummer 1 ist natürlich das Schloss Wolkenstein. Der älteste noch erhaltene Bauteil ist der Wohnturm aus dem 14. Jahrhundert. Der Süd- und der Nordflügel werden dem 16. Jahrhundert zugerechnet. Die Räume des kleinen Heimatmuseums befinden sich im Südflügel. Dort sind zahllose Zeitzeugen früherer Handwerkerzünfte ausgestellt und manch Exponat zur Schloss- und Stadtgeschichte. Im Folterkeller hat eine Ausstellung zur Gerichtsbarkeit Platz gefunden. Nur wenige Schritte vom Schloss entfernt lädt das Militärhistorische Museum zum Besuch ein. Die Ausstellung des Museums steht ganz im Zeichen der Sächsischen Armee zu Zeiten Napoleons. Ausrüstungsgegenstände, Waffen, Uniformen und Dokumente berichten über diese Zeit. Zu den wertvollsten Exponaten zählt eine Truppenfahne des Infanterieregiments, von Rechten, das 1812 in Russland zerrieben wurde. Komplettiert wird diese Dauerausstellung durch regelmäßige Sonderschauen (Schlossplatz 4, Tel.: 03 73 69 / 8 77 50, www.museum-wolkenstein.de, Di bis So 10 – 17 Uhr, Erwachsene 2,50 €, Kinder 2 €).

ESSEN UND TRINKEN
✕ *Historisch speisen*
Erlebnisgasthaus „Zum Grenadier", Schlossplatz 1

SILBER-THERME WARMBAD – DIE WOHLFÜHLOASE IM ERZGEBIRGE!

Erleben Sie vielfältige Gesundheits- und Wellnessangebote rund um das Warmbader Thermalheilwasser! Entspannen Sie in der Thermenwelt bei Wassertemperaturen bis zu 34 °C, schwitzen Sie in der abwechslungsreichen Saunalandschaft mit drei Innen- und drei Außensaunen und lassen Sie sich im Wellness-Bereich „Jungbrunnen" kurfürstlich verwöhnen. Anschließend lädt Sie das Thermenrestaurant zum kulinarischen Verweilen ein.

Kur- und Gesundheitszentrum
Warmbad Wolkenstein GmbH
Am Kurpark 3
09429 Wolkenstein/
OT Warmbad
Tel.: 03 73 69 / 1 51-15
Fax: 03 73 69 / 1 51-17
info@warmbad.de
www.warmbad.de

Tel.: 03 73 69 / 8 84 80
www.zum-grenadier.de
Tafeln im besonderen Ambiente. Alles steht im Zeichen der Militärgeschichte, die Qualität der Speisen zum Glück nicht. Uriges Gasthaus mit zahlreichen thematischen Menüs bis hin zum Ritteressen. Mi bis Fr ab 17.30, Sa/So ab 11.30 Uhr.

SPORT UND FREIZEIT
Silber-Therme
OT Warmbad, Am Kurpark 3
Tel.: 03 73 69 / 1 51 15
www.warmbad.de
So bis Do 9 – 22, Fr/Sa 9 – 23, Tageskarte Erw. 13,50 €, Kinder 8,50 €. Das älteste Heilbad Sachsens erwartet seine Besucher mit den wärmsten Thermalquellen. Es gibt unter anderem ein Außenbecken, einen Strömungskanal, ein Bewegungsbecken und ein Wassertretbecken. Die Temperaturen differieren je nach Becken zwischen 32 und 34 Grad. Gegen einen Aufpreis von nur 2 € ist die Nutzung der abwechslungsreichen Saunalandschaft möglich.

SERVICEINFO
Gästebüro Wolkenstein
Schlossplatz 1
Tel.: 03 73 69 / 8 71 23
www.stadt-wolkenstein.de
Di bis So 10-17, in den Schulferien auch montags geöffnet.

▶ GRÜNHAINICHEN
2.300 Einwohner

Es ist sicher nicht oft der Fall, dass eine Gemeinde eigentlich nur durch einen einzigen, ursprünglich kleinen Gewerbebetrieb weltbekannt wurde. In Grünhainichen ist das so.

▶ *Schloss Wolkenstein.*

IV UNTERWEGS IM ERZGEBIRGE

FALKENHOF

Am Fuße der mächtigen Schlossmauern wartet noch eine besondere Attraktion. Der Sächsische Adler- und Jagdfalkenhof präsentiert dort seine prächtigen Vögel. Dazu gehört natürlich auch eine regelmäßige Flugschau. Ostern bis Ende Oktober Di bis So 11 und 15 Uhr. (www.falkenhof.augustusburg.de)

Zwar ist die Landschaft rings um den Ort und Waldkirchen, das als Ortsteil seit 1999 dazu gehört, für Wanderer durchaus ideal, doch wer hierher kommt, hat zumeist ein Ziel: Wendt & Kühn.
Die Engel, die dieser Traditionsbetrieb produziert, sind so beliebt, dass Sammler in der ganzen Welt immer gespannt auf die neuesten Kreationen warten. Oft kopiert und nachgemacht, doch nie erreicht. Und so mag es nicht verwundern, wenn bis zur Gründung der Einheitsgemeinde ein Engel das Wappen des Ortes ganz allein dominierte. Auch im örtlichen Museum für Erzgebirgische Volkskunst spielen die kleinen „geflügelten Jahresendfiguren", so ihre offizielle Bezeichnung in realsozialistischen Zeiten, eine große Rolle. Aber natürlich nicht nur sie: Es gibt all das zu bewundern, was so typisch ist für die schönste Zeit des Jahres im Weihnachtsland Erzgebirge (Chemnitzer Straße 20, Tel.: 0 37 25 / 45 93 12, Sa/So 13 – 15.30 Uhr). Nicht zu übersehen ist auch die große Freiluftspieldose – ein beliebtes Fotomotiv.

ESSEN UND TRINKEN
✗ *Mehr als Eis*
Eiscafe Richter
Am Schulplatz 2
Tel.: 03 72 94 / 74
http://eiscafe-richter.gruenhainichen.de
Direkt im Ortszentrum gelegen, servieren Richters nicht nur ihre kalten Spezialitäten, sondern auch eine abwechslungsreiche warme Küche und kleine Snacks. Mo bis Fr ab 11.30 Sa/So ab 13 Uhr.

SERVICEINFO
Verwaltungsverband Wildenstein
Chemnitzer Straße 41
Tel.: 03 72 94 / 17 00-15
www.gruenhainichen.de

▶ AUGUSTUSBURG
4.800 Einwohner

Der Name Augustusburg geht zurück auf das Schloss, das hoch über der Stadt thront. Die erste Erwähnung des Schellenbergs und einer auf ihm stehenden Burg stammt aus dem Jahr 1206. Diese Burg brannte im 16. Jahrhundert aus. 1568 wurde der damals schon recht alte sächsische Baumeister Hieronymus Lotter (1497 – 1580) vom Dresdner Hof mit dem Neubau eines Schlosses auf dem Schellenberg beauftragt. Die Bauern der Umgebung wurden zu schweren Frondiensten gezwungen, und die regelmäßigen Änderungswünsche des Landesherrn, der sächsische Kurfürst August I. (1526 – 1586), trieben Lotter fast zur Verzweiflung.

IM VORLAND IV

Nach nur vier Jahren war die Burg jedoch fertig gestellt.
Zwar konnte der greise Baumeister die Fertigstellung noch erleben, doch verstarb er einige Jahre später, in Ungnade gefallen und fast mittellos in Geyer. Nachdem die Schlossherren einige Male wechselten, kaufte die Stadt bereits 1831 das Schloss. 1899 wurde die Stadt Schellenberg in Augustusburg umbenannt. Durch die folgenden Eingemeindungen von Erdmannsdorf, Grünberg, Hennersdorf und Kunnersdorf reicht die Ortslage heute vom 515 m ü. NN hohen Schellenberg bis weit hinab in die Flusstäler von Zschopau und Flöha. Die gesamte Stadt liegt im Landschaftsschutzgebiet „Augustusburg-Sternmühlental". Ein Paradies für Wanderer! Zu den Sehenswürdigkeiten gehören die Stadtkirche St. Petri, der benachbarte Lotterhof und nicht zuletzt die als historisch zu bezeichnende Standseilbahn, die seit mehr als 100 Jahren Touristen und Einwohner vom Haltepunkt der Erzgebirgsbahn in Erdmannsdorf in wenigen Minuten hinauf auf den Berg transportiert. Besonders für Kinder ist eine solche Fahrt ein tolles Erlebnis.

Unangefochten die Nummer 1 für die Besucher ist das **Schloss Augustusburg**. Es zählt zu den meistbesuchten Sehenswürdigkeiten Sachsens. Der hochherrschaftliche Bau hat eine Menge zu bieten. Im neu gestalteten **Motorradmuseum** dominieren die Zweitaktmaschinen aus sächsischer Produktion. Maximal 4 oder 6 PS können im Kutschenmuseum angespannt werden. Goldener Zierrat schmückt die Prachtkaleschen, mit denen sich sächsische Kurfürsten und Könige spazieren fahren ließen. Die Ausstellung zur Jagd- und Hofhaltung weiß eine Menge über das frühere Leben am Hofe des königlichen Jagdschlosses zu berichten. „Richter-Henker-

▶ *Falknervorführung auf Schloss Augustusburg.*

UNTERWEGS IM ERZGEBIRGE

Missetäter" lautet das Motto einer Exposition, die sinnigerweise im Schlosskeller ihren Platz gefunden hat. So manchem Besucher läuft beim Blick auf die originalen bzw. rekonstruierten Straf- und Folterwerkzeuge vergangener Jahrhunderte eine Gänsehaut über den Rücken (Schloss 1, Tel.: 03 72 91 / 3 80-0, www.die-sehenswerten-drei.de, tgl. April bis Oktober 9.30 – 18 Uhr, Nov. bis März 10 – 17 Uhr, Kombiticket für das Schloss und alle Museen, Erw. 12 €, Kinder 10 €).

ESSEN UND TRINKEN

✗ *Fürstlich*

Schlossgaststätte Augustusburg
Schloss Augustusburg
Tel.: 03 72 91 / 63 75
www.augustuskeller-augustusburg.de
Gehobene Küche im gehobenen Ambiente – so kann man einen Schlossbesuch krönen. Di bis So ab 11 Uhr.

MIT KINDERN UNTERWEGS

Freizeitzentrum Rost´s Wiesen
Straße an der Rodelbahn 1
Tel.: 03 72 91 / 1 24 51
www.augustusburg.net
tgl. 10 – 20 Uhr, Einzelfahrt Erw. 2,20 €, Kinder 1,80 €.
In sieben Steilkurven schießen die Sommerrodler auf einer Strecke von 577 m ins Tal. Besonders beliebt auch das Nachtrodeln. Doch die Freizeitanlage am Rande der Standseilbahn hat noch mehr in petto: Es gibt Minigolf, einen Abenteuerspielplatz und auch für das leibliche Wohl der ganzen Familie ist gesorgt.

SERVICEINFO
Tourist Information
Marienberger Straße 24
Tel.: 03 72 91 / 3 95 50
www.augustusburg.de
Mo bis Fr 9 – 12/13 – 17 Uhr.

▶ OEDERAN
8.500 Einwohner

Die kleine Stadt am Fuße des Erzgebirges liegt direkt an der Bundesstraße, die Chemnitz und Dresden verbindet. Es gibt mehr als einen guten Grund, hier Station zu machen. Zum einen besitzt die Stadtkirche eine der seltenen und hochgeschätzten Siebermannorgeln und zum anderen sind es drei sehenswerte Museen. Im Stadtzentrum direkt am Markt wartet das Museum DIE WEBEREI. „Weben–Erleben–Begreifen" so das Motto der Exposition. Es dreht sich fast alles um die Geschichte der alten Handwerkskunst, die Namensgeber des Museums ist. Eine angeschlossene Druckwerkstatt gibt Einblicke in die Buchdruckerkunst (Markt 6, Tel.: 03 72 92 / 2 71 28, www.oederan.de, Di bis So 12 – 17 Uhr, Erw. 3 €, Kinder 1,50 €).
Nicht weniger interessant ist das Dorfmuseum im kleinen Ortsteil Gahlenz. Hier wird erzgebirgisches Brauchtum greifbar. Das Leben regionaler Dörfer von Mitte des 19. bis hinein ins 20. Jahrhundert steht im Mittelpunkt dieses Landwirt-

schaftsmuseums. Dazu gehören u. a. traditionelle Wohnräume, landwirtschaftliche Maschinen, Arbeitsgeräte, eine Geschirrsammlung und eine Röhrenbohrerei (OT Gahlenz, Gahlenzer Straße 105, Tel.: 03 72 92 / 2 09 75, www.oederan.de, Di bis Do 9 – 6 Uhr, So 14 – 17 Uhr, Erw. 2 €, Kinder 1 €).

ESSEN & TRINKEN

✗ *Nah der kleinen Welt*
Haus am Klein-Erzgebirge
Ehrenzug 14a
Tel.: 03 72 92 / 59 90
www.klein-erzgebirge.de
Regionale Spezialitäten aber auch Themenabende mit internationaler Küche. So bis Do 10 – 20, Fr/Sa 10 – 22 Uhr.

Mit Kindern unterwegs
Miniaturpark Klein-Erzgebirge
Richard-Wagner-Straße 2
Tel.: 03 72 92 / 5 99-0
www.klein-erzgebirge.de
tgl. 10 – 18 Uhr, Erw. 10 €, Kinder 7 €.

Ein Tag fürs ganze Erzgebirge klingt und ist ziemlich wenig. Doch im Miniaturpark kann man mit diesem Zeitlimit fast alle Sehenswürdigkeiten im Kleinformat und sogar aus der Vogelperspektive bewundern, die zum Erzgebirge gehören. Das reicht von der Augustusburg bis hinauf auf den Fichtelberg. Insgesamt sind es rund 200 Bauwerke, die die fleißigen Vereinsmitglieder gebastelt haben und, mit vielen reizvollen Details versehen, in der wunderschönen Parkanlage zeigen. Da haben große und kleine Besucher gleichermaßen Spaß. Dass dann mit einer Parkeisenbahn und verschiedenen Spiel- und Erlebnisbereichen noch weitere Attraktionen ganz speziell auf die jüngsten Besucher warten, rundet den „einen Tag im Erzgebirge" ab.

SERVICEINFO
Stadtinformation
Markt 6, Tel.: 03 72 92 / 2 71 28
www.oederan.de
Di bis Fr 10 – 17, Sa/So 12 – 17 Uhr.

▶ *Impressionen aus dem Klein-Erzgebirge in Oederan.*

IV UNTERWEGS IM ERZGEBIRGE

Das obere Erzgebirge
Raues Klima auf dem Kamm

Je weiter südlich man ins Gebirge reist, desto rauer wird das Klima, denn man erreicht die Kammregion. Zwar spielt sich fast alles unter 1.000 Metern ab, doch präsentiert sich der Wettergott im Erzgebirge oft deutlich herber, als man das in einem Mittelgebirge erwartet. Wer also Urlaub in der Kammregion plant oder gar dem Erzgebirge aufs Dach steigen will, sprich den Fichtelberg oder den Keilberg im Visier hat, der sollte, unabhängig von der Jahreszeit, immer etwas Warmes dabei haben.

▶ KURORT OBERWIESENTHAL

2.300 Einwohner

Über Jahrzehnte war die Stadt Oberwiesenthal das Wintersportmekka für alle Ostdeutschen. Nach der Wende sind viele Skifans aus den neuen Bundesländern den Hängen am Fichtelberg treu geblieben. Auch Gäste aus den alten Bundesländern sind auf den Geschmack gekommen. Wobei es sich gerade dort noch immer nicht so recht herum gesprochen hat, dass Deutschlands höchstgelegene Stadt nicht irgendwo im Bayerischen in den Alpen liegt, sondern dass dies Oberwiesenthal am Fuße des Fichtelberges ist. Das Stadtgebiet reicht hinauf bis aufs Bergplateau des mit 1215 m ü. NN höchsten Gipfels der neuen Bundesländer. Im Erzgebirge ist es nur der benachbarte Keilberg, der 29 m mehr auf die Messlatte bringt. Zu den knapp 2.500 Einwohnern gesellen sich übers Jahr zehntausende Touristen und Tagesgäste. Wer für die Wintermonate ein Bett sucht, sollte das langfristig tun. Wenn die Pisten und Loipen rund um Fichtelberg und Keilberg unter einer dicken Schneedecke

DAS OBERE ERZGEBIRGE IV

liegen und die Lifte ihre Bahnen ziehen, wird es voll in der Kleinstadt am Fuße des Berges. Bis zu einem halben Jahr kann der Winter schon andauern – Frühling und Herbst sind ebenso schöne Jahreszeiten wie der Sommer, der oben auf dem Kamm bei Weitem nicht so heiß und drückend werden kann, wie im flachen Land. In der schneelosen Zeit sind es hauptsächlich Naturliebhaber und Wanderer, die in Oberwiesenthal Station machen. Immer noch zu wenige, wie die Touristiker mit Recht feststellen. Doch die, die kommen, bevorzugen zumeist gerade das: Erholung abseits der Touristenströme, in Ruhe und ganz stressfrei.

Geschichte

Das Gründungsjahr der heutigen Stadt Oberwiesenthal, damals als Neustadt am Wiesenthal, war 1527. Die Postdistanzsäule am Markt wurde 1730 errichtet unter der Regentschaft von August dem Starken. Zu diesem Zeitpunkt verkehrte aber die Leipziger Post in Richtung Karlsbad bereits seit 22 Jahren. Interessant: Der Postillion musste bei jeder Fahrt über die Grenze die Uniform wechseln. Ein Besuch auf dem Fichtelberg mit Hotel, Aussichtsturm und historischer Wetterwarte gehört sicher eben so zum Urlaubsprogramm wie ein Abstecher zum Schanzenareal, wo auch Jens Weißflog, dreifacher Olympiasieger, so manchen Trainingssprung ins Tal brachte. Die am meisten fotografierte Sehenswürdigkeit ist wahrscheinlich die Fichtelberg-Schwebebahn. Seit Dezember 1924 bringt sie Besucher in knapp 4 Minuten auf den Berg. Damit ist sie die älteste Seilschwebebahn Deutschlands. Die zwei Gondeln können jeweils 44 Fahrgäste auf der 1175 m langen Trasse über einen Höhenunterschied von 303 m befördern. Allein der Blick lohnt die Fahrt mit der nostalgischen Bahn, die eigentlich 2013

▶ *Impressionen aus der bunten Aquarien-Welt in Oberwiesenthal.*

IV UNTERWEGS IM ERZGEBIRGE

einer neuen, moderneren Anlage geopfert werden sollte. Zum Glück fehlte im Stadtsäckel das nötige Kleingeld. So bleibt das Wahrzeichen der Stadt hoffentlich noch viele Jahre erhalten.

Nicht weniger nostalgisch und beliebt ist die Fichtelbergbahn, eine Kleinbahn, die Fahrgäste vom Normalspurbahnhof in Cranzahl auf einer 17 km langen, romantischen Fahrt nach Oberwiesenthal bringt. Mit maximal 25 km/h zuckelt das Bähnlein durch die Landschaft. Und das, als eine der ganz wenigen ihrer Art, bis heute im Regelbetrieb mit Dampfloks.

Im Panorama Ringhotel wartet ein Vogelfangmuseum auf große und kleine Besucher. Auf rund 80 qm wird viel Interessantes über die Geschichte des Vogelfangs vermittelt. Wie kaum bekannt, war der Vogelfang in vergangenen Zeiten für viele arme Häusler ein lebensnotwendiger Zuverdienst. Auf grossformatigen Bildtafeln werden mehr als 50 Vogelarten vorgestellt, die in der Region heimisch sind. Außerdem werden zahlreiche Präparate gezeigt (Vierenstraße 11, Tel.: 03 73 48 / 78-0, www.vogelverein1960.de).

ESSEN & TRINKEN
Nostalgie
Hotel zum alten Brauhaus
Brauhausstraße 2
Tel.: 03 73 48 / 86 88
tgl. 11 – 14, 17 – 21 Uhr.
www.hotel-zum-alten-brauhaus.de
Über Jahrhunderte wurde in Oberwiesenthal ein gutes Bier gebraut. Das ist leider vorbei. Aber für Gutes auf dem Teller – und das auch typisch erzgebirgisch – ist gesorgt.

SPORT & FREIZEIT
Vereinigte Skischule Oberwiesenthal
Vierenstraße 10a
Tel.: 03 73 48 / 86 19
www.skischule-oberwiesenthal.de
Wer noch nicht so ganz perfekt auf den Brettern steht oder gar die ersten Versuche unternehmen möchte, ist hier an der richtigen Adresse. In der Skischule kümmert man sich um jede Altersklasse. Das Spektrum der Kurse reicht von den Kleinsten im Vorschulalter bis zur Generation 50+.

Hallenbad im Hotel am Fichtelberg
Karlsbader Straße 40
Tel.: 03 73 48 / 1 70
www.am-fichtelberg.com
tgl. von 7 – 10 und 14 – 20 Uhr.
Die Schwimmhalle mit einem 25-m-Becken und einem Nichtschwimmerbereich steht auch Besuchern offen, die nicht im Hotel wohnen.

MIT KINDERN UNTERWEGS
Meeresaquarium am Fichtelberg
Vierenstraße 11a
Tel.: 01 72 / 7 80 95 51
www.meeresaquarium-am-fichtelberg.de
tgl. 10 – 18 Uhr, Erw. 6 €, Kinder 3,50 €.
Wohl kaum ein Besucher erwartet solch eine Ausstellung in Deutsch-

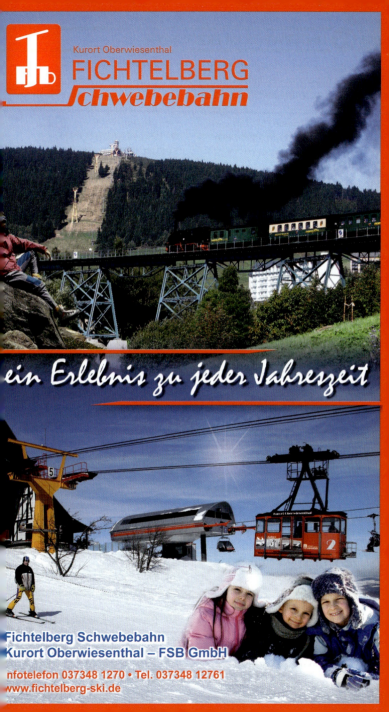

IV UNTERWEGS IM ERZGEBIRGE

SCHMALSPURBAHN-MUSEUM

Im Schmalspurbahn-Museum erwarten Eisenbahnfans neben historischen Dampflokomotiven ein umfangreicher Wagenpark aus vergangenen Tagen sowie zahlreiche kleinere Exponate aus der Hochzeit der Schmalspurbahnen. OT Rittersgrün, Kirchstraße 4, Tel.: 03 77 57 / 74 40, www.schmalspurmuseum.de, Di bis So 10 – 16 Uhr, Erw. 3,50 €, Kinder 1,50 €.

lands höchst gelegener Stadt. Doch auch hier versucht man den Touristen das ganze Jahr über Abwechslung zu bieten. Hauptattraktion des Aquariums ist das 17 m lange Korallenriff, in dem sich dutzende bunte Fischarten tummeln und ein Stück Karibik-Feeling verbreiten. Besonders skurrile Arten wie Feuerfische, Kugelfische, Koffer- oder auch Doktorfische ziehen das Interesse der Besucher an. Im angeschlossenen Insektarium sind eine Vielzahl von Käfern, Spinnentieren, Krabben und Schneckenarten in verschiedenen, bizarren Formen zu bewundern. Komplettiert wird der Rundgang von stattlichen Krokodilen. Stars des Aquariums sind, besonders bei den kleinen Besuchern, „Nemo"-Fische. Disney lässt grüßen.

SERVICEINFO
Gästeinformation
Markt 8, Tel.: 03 73 48 / 15 50-50
www.oberwiesenthal.de
April bis Nov. Mo bis Fr 9 – 17, Sa/So 10 – 13 Uhr, Dez. bis März Mo bis Fr 9 – 18, Sa 9 – 14, So 10 – 13 Uhr.

▶ BREITENBRUNN
5.700 Einwohner

Der Ort im oberen Erzgebirge unmittelbar an der Grenze zur Tschechischen Republik wurde erstmals um 1380 urkundlich erwähnt. Typisch für die Region, ist auch seine Geschichte eng mit dem Bergbau verbunden. An vielen Stellen trifft man auf Zeitzeugen aus dieser Epoche. Durch die Eingliederung zahlreicher Ortsteile, u. a. Antonsthal und Rittersgrün, ist Breitenbrunn zu einer der flächenmäßig größten Gemeinden Sachsens geworden. In den vergangenen Jahrzehnten hat sie sich zu einem modernen Standort für Sport und Bildung entwickelt. An der Staatlichen Studienakademie und am Erzgebirgskolleg studieren etwa 700 junge Leute und verlassen die Erzgebirgsgemeinde nach drei Jahren mit dem Diplom oder der Hochschulreife. Am Rabenberg entstand ein moderner Sportpark, der von Volks- und Leistungssportlern gleichermaßen gern genutzt wird. Außerdem bietet er komfortable Unterkünfte für Sportgruppen, Mannschaften und auch Familien. Die meisten Urlauber zieht es auf der Suche nach Ruhe und Erholung hierher. Wandern und Radfahren in fast unberührter Natur sind gute Gründe. Sehenswert sind u. a. die Ruine des Kurfürstlichen Jagdschlosses und unmittelbar daneben die

DAS OBERE ERZGEBIRGE IV

1559 erbaute Christophorus-Kirche. Ein Stück Geschichte verkörpern der Fuchslochstollen und der Wettinbrunnen im Rittergrüner Ehrenzipfel. Nicht zu vergessen auch das Wildgehege am Sonnenberg im OT Rittergrün, das gewiss besonders den kleinen Touristen gefallen wird, sowie der Kletterfelsen am Teufelsstein im OT Erlabrunn mit seinem reizvollen Ausblick. Im OT Antonsthal gehört die Silberwäsche zu den Bergbauzeugnissen vergangener Zeiten. Den Kernpunkt der Ausstellung bildet die Erzaufbereitung vor etwa 200 Jahren. Dazu setzt ein oberschlächtiges Wasserrad 15 Pochstempel in Bewegung, die das Erz zertrümmern, bevor es zur Scheidebank weitergeleitet wird (OT Antonsthal, Jägerhäuser Straße 17, Tel.: 0 37 74 / 2 52 22, www.bergbautradition-sachsen.de, Di bis So 10 – 17, Nov. bis April 10 – 15.30 Uhr, Erw. 2 €, Kinder 1 €).

Etwas ausgefallen ist das, was das Museum Holzschleiferei Weigel zeigt. Seit 1876 ist der kleine Betrieb in Familienhand. Bis 1990 wurde prägbare Pappe hergestellt. Seither ruht die Produktion, und der Betrieb steht mit seiner historischen Technik, darunter eine Wasserkraftanlage und verschiedene Maschinen zur Herstellung von Pappe und Papier aus Holz, als Museum interessierten Besuchern offen (OT Rittersgrün, Karlsbader Str. 80, Tel.: 03 77 57 / 12 16, tgl. 9 – 18 Uhr. Erw. 3,50 €, Kinder frei).

HEIRATEN
Etwas Besonderes für den schönsten Tag im Leben bietet das Besucherbergwerk „Glöckl". Wer möchte, kann sich hier unter Tage das Ja-Wort geben.

ESSEN & TRINKEN
✗ *Für Schmalspurfans*
Gaststätte „Museumskeller"
OT Rittersgrün, Kirchstraße 4
Tel.: 03 77 57 / 74 40
www.schmalspurmuseum.de
Der Museumsbesuch bei den alten Loks kann mit einer gemütlichen Pause bei erzgebirgischen Speisen kombiniert werden. Mi bis So 11 – 16 Uhr.

LANDHOTEL RITTERSGRÜN | MEIN GASTRO-TIPP

- ★★★★**Hotel**
- **Bowling**
- **Biergarten**
- **Wellness**
- regionale Spezialitäten sowie klassische internationale Küche
- täglich geöffnet

Landhotel Rittersgrün
Karlsbader Straße 23
08359 Breitenbrunn OT Rittersgrün
Tel.: 03 77 57 / 18 80
Fax: 03 77 57 / 18 81 99
info@landhotel-rittersgruen.de
www.landhotel-rittersgruen.de

IV UNTERWEGS IM ERZGEBIRGE

▶ Breitenbrunn.

SERVICEINFO
Fremdenverkehrsamt
Dorfberg 14
Tel.: 03 77 56 / 15 04
www.breitenbrunn-erzgebirge.de

▶ JOHANNGEORGENSTADT

4.500 Einwohner

Als Johanngeorgenstadt 1654 im Auftrag des Sächsischen Kurfürst Johann Georg I. als letzte größere Bergstadt im Erzgebirge von böhmischen Exilanten gegründet wurde, war der Eisen- und Zinnerzbergbau in der Region bereits in vollem Gange. Über Jahrhunderte lebte die Stadt fast ausschließlich vom Bergbau. In der zweiten Hälfte des vorigen Jahrhunderts wurde Stück für Stück der Tourismus ein weiteres, wichtiges Standbein. Das blieb bis zur Wende so. Viele der Betriebsferienheime und Unterkünfte des FDGB-Feriendienstes, die beliebt bei den Feriengästen waren, sind in der Folge geschlossen und meist dem Verfall überlassen worden. In den vergangenen Jahren versucht die Stadt verstärkt, wieder Erholungssuchende in die Region zu ziehen. Die Lage auf dem Kamm des Erzgebirges, direkt an der Grenze zur Tschechischen Republik, sorgt zwar für ein etwas raueres Klima als weiter unten, doch gleichzeitig für eine Natur, die man oft noch recht ursprünglich erleben kann. Mehr als 400 km gut markierter Wanderwege und Naturlehrpfade bieten dafür die besten Voraussetzungen. Naturfreunde werden vom Naturschutzgebiet Steinbachtal und vom Hochmoor „Kleiner Kranichsee" begeistert sein. Sogar ins Guinness Buch der Rekorde hat es die Stadt geschafft: Seit Dezember 2012 hat der größte freistehende Schwibbogen der Welt seinen Platz als neues Wahrzeichen eingenommen. Ein einheimischer Unternehmer hat das Monstrum gesponsert. 25 m breit und mit Kerzen 14,5 m hoch ist er nicht zu übersehen. Nicht ganz so neu, aber unangefochten Touristenattraktion Nummer 1 ist

DAS OBERE ERZGEBIRGE IV

das Lehr- und Schaubergwerk Frisch Glück „Glöckl". Bei einer Reise unter Tage werden mehr als 300 Jahre Bergbaugeschichte lebendig. Beginnend beim Silberbergbau im 17. Jahrhundert bis hin zur Jagd der SDAG Wismut nach Uranerz für das sowjetische Atomprogramm reicht das, was auf die Besucher wartet. Im Gegensatz zu früheren Zeiten geht es heute auf bequemen Wegen in den Stollen. Auch Geh- und Sehbehinderte können mit einfahren. Mitmachen ist vor Ort erwünscht. Wer will, kann sich einmal selbst als Bergmann probieren (Willigsthalstaße 13-15, Tel.: 0 37 73 / 88 21 40, www.frisch-glueck.de, Führungen: Di bis So 9, 10.30, 12, 13.30 und 15 Uhr, Sa/So erst ab 10.30 Uhr, Erw. 5 €, Kinder 3,60 €). Ebenfalls eng mit der Bergbaugeschichte verbunden ist der Pferdegöpel. Der letzte noch Erhaltene seiner Art in Johanngeorgenstadt wurde bereits kurz nach dem 2. Weltkrieg durch die SDAG Wismut abgerissen. So ist das, was man heute besuchen kann, nur eine – wenn auch perfekte – Rekonstruktion. Im Dachgeschoss des ebenfalls neu errichteten Huthauses finden regelmäßig Ausstellungen statt. An speziellen Tagen oder auf Voranmeldung für größere Gruppen können sogar Schauvorführungen mit Pferden organisiert werden (Eibenstocker Straße 100, Tel.: 0 37 73 / 88 31 68, www.pferdegoepel.de, Führungen Di bis So 10, 11, 13, 14, 15, 16 Uhr, Erw. 2,50 €, Kinder 1,50 €, mit Pferden je 1 € mehr).

ESSEN & TRINKEN
✕ *Erzgebirgisch*
Traditionsgaststätte „Am Pferdegöpel"
Am Pferdegöpel 2
Tel.: 0 37 73 / 85 92 20
www.gaststaette-pferdegoepel.de
Deftiges aus dem Erzgebirge dominiert die Speisekarte. Di bis Do/So 11 – 17, Fr/Sa 11 – 20 Uhr.

SERVICEINFO
Tourist-Information
Eibenstocker Straße 67
Tel.: 0 37 73 / 88 82 22
www.johanngeorgenstadt.de
Mo-Fr 10-14.

LANDHAUS SONNENTAU

Urlaub am Wanderweg Kamm

Landhaus Sonnentau
Schwefelwerkstraße 34
08349 Johanngeorgenstadt
Tel.: 0 37 73 / 8 81 99 10
info@landhaus-sonnentau.de
www.landhaus-sonnentau.de

IV UNTERWEGS IM ERZGEBIRGE

▶ BÄRENSTEIN/ KÖNIGSWALDE

2.400/2.300 Einwohner

Noch ist es nicht zu einer kompletten Verschmelzung der beiden recht unterschiedlichen Gemeinden gekommen, jedoch arbeiten sie seit Jahren im Rahmen einer Verwaltungsgemeinschaft eng zusammen. Königswalde schmiegt sich auf einer Länge von etwa 4 km malerisch ins Pöhlatal. Es präsentiert sich als eines der typischsten Waldhufendörfer des Erzgebirges. Auch die bis heute bestens erhaltene Heckenstruktur an den Hängen findet man so perfekt kaum noch irgendwo. Zahlreiche, teils sehr liebevoll gepflegte Fachwerkhäuser, schmücken das Dorf. Früher war es aufgrund seiner Lage sehr mühlenreich. Einige dieser Relikte aus alter Zeit existieren bis heute. Ab und an öffnet eines davon zum jährlichen Mühlentag. Für die weiße Jahreszeit gibt es einen Skihang inklusive Lift. Einen Skilift hat Bärenstein ebenfalls zubieten. Immerhin liegt die Gemeinde am Fuße des gleichnamigen, recht charakteristischen Berges. Hier werden enge Beziehungen zur Nachbargemeinde Vejprty gepflegt. Einen Grenzübergang gibt es schon lange, doch 2013 ist im Grenzbereich ein Areal dazu gekommen, wie es sicher seinesgleichen sucht: „Die Gemeinsame Mitte". Fußgängerbrücke über den Pöhlbach, Spielplatz, Ausstellungspavillon und rund um den Brunnen ein hübscher Erholungsbereich – eine Einladung für Bürger und Touristen auf beiden Seiten der Grenze.

ESSEN & TRINKEN

⇆✕ *Auf dem Berg*

Unterkunftshaus auf dem Bärenstein
Bärenstein, Bergstraße 18
Tel.: 03 73 47 / 13 34
www.unterkunftshaus-auf-dem-baerenstein.de
Weitsicht ist garantiert auf dem Bärenstein, der 898 m über dem Meeresspiegel liegt. Leckeres Essen auch und dazu noch vernünftige Preise. Tgl. ab 11 Uhr.

SERVICEINFO

Fremdenverkehrsbüro Bärenstein,
Oberwiesenthaler Straße 14
Tel.: 03 73 47 / 89 95
www.baerenstein-tourist.de.

▶ JÖHSTADT

2.900 Einwohner

Zur Bergstadt gehören die Ortsteile Steinbach, Grumbach, Oberschmiedeberg und Schmalzgrube. Die Besiedlung der waldreichen Gegend des Schwarzwasser- und Preßnitztals begann ebenfalls bereits im 12./13. Jahrhundert. Der sich schnell vergrößernde Bergbau auf der Suche nach Silber-, Kupfer-, bzw. Kobalterz sorgte für ein kontinuierliches Bevölkerungswachstum. Folgerichtig verlieh Johann Georg I., Herzog von Sachsen, 1655 an Jöhstadt das Stadtrecht. Jöhstadt und seine Ortsteile am Erzgebirgskamm sind im Sommer idealer Ausgangspunkt

DAS OBERE ERZGEBIRGE IV

für Wanderungen und im Winter für Liebhaber der schmalen Bretter mit gut gespurten Loipen interessant. Ein bergbauliches Zeugnis ist der Andreas-Gegentrum-Stolln im Preßnitztal. Das Grubenfeld wurde 1748 erschlossen, doch bereits knapp 100 Jahre später mangels weiterer Vorkommen wieder aufgegeben. Seit 1997 ist der Stollen nun als kleines Besucherbergwerk für den Publikumsverkehr geöffnet (Tel.: 03 73 43 / 2 11 88, www.andreas-gegentrum-stolln.de, Führungen nach Voranmeldung, Erw. 4 €, Kinder 2 €).

ESSEN & TRINKEN

✕ *An der Bimmelbahn*
Gasthof „Schlösselmühle"
Schlösselstraße 60
Tel.: 03 73 43 / 26 66
www.schloesselmuehle.de
Direkt an der historischen Museumsbahn gelegen, bietet der Gasthof eine gut bürgerliche, sächsische Küche. Mo bis Mi ab 17, Do bis So ab 11 Uhr.

Mit Kindern unterwegs

Ein Erlebnis für große und kleine Passagiere gleichermaßen ist eine Fahrt mit der Museumsbahn durchs malerische Preßnitztal. Die 1892 erstmals fahrende Preßnitztalbahn wurde nach ihrer Stilllegung und dem vollständigen Abriss in den 80er-Jahren des vorigen Jahrhunderts nach 1990 mit einem immensen Einsatz und Zeitaufwand durch Eisenbahnenthusiasten wieder aufgebaut und zuckelt nun als Museumsbahn mit historischem Wagenpark und ebensolchen Dampfloks auf der Strecke von Jöhstadt bis Steinbach durchs Tal: eine der wohl schönsten Schmalspurbahnen Deutschlands. Ein besonderes Erlebnis ist die Fahrt mit einem der offenen Aussichtswagen (www.pressnitztalbahn.de). Aber Vorsicht: Helle und empfindliche Sachen sind mit Blick auf die Dampffresser vorm Zug nicht zu empfehlen.
Das Preßnitztalmuseum ist sonntags von 13.30 – 16.30 Uhr geöffnet

SERVICEINFO
Fremdenverkehrsbüro
Markt 185
Tel.: 03 73 43 / 8 05-10
www.joehstadt.de.

▶ SEHMATAL
6.800 Einwohner

Die drei Dörfer Sehma, Cranzahl und Neudorf haben sich im Rahmen der Gemeindereform als Sehmatal neu formiert. In dem Fall sicher kein Problem, denn alle drei liegen im malerischen Sehmatal, und die Ortsgrenzen waren bereits vor der Reform kaum noch zu erkennen, so konsequent wurde das Tal „durchsiedelt". Die Orte sind nicht nur durch ein dichtes Netz an Wanderwegen verbunden. In Cranzahl startet die Kleinbahn in Richtung Oberwiesenthal. Sicher sehenswert sind die Dorfkirchen und die Trinkwassertalsperre Cranzahl. Den Knüppeldamm durch das Hochmoor

UNTERWEGS IM ERZGEBIRGE

unweit des Haltepunkts Siebensäure sollte man sich in Neudorf auf keinen Fall entgehen lassen. Das Suppenmuseum ebenfalls nicht. Das Dorf ist im ganzen Erzgebirge als „Suppendorf" bekannt. Kein Wunder, dass man gerade hier im „Suppenland" der Mutter aller Speisen ein eigenes Museum gewidmet hat. Alles dreht sich um Suppen und das nötige Zubehör. Ein Mal im Jahr küren die Neudorfer Suppenkönig und -königin. Ein besonderes Spektakel ist das Suppentopfziehen (Altes Rathaus, Tel.: 03 73 42 / 1 60 45, www.suppenmuseum.de, Mo bis Sa 10.30 – 15.30, So 14 – 16 Uhr, Erw. 1,60 €, Kinder 0,50 €).

ESSEN UND TRINKEN
✕ *Suppensieger*
Gaststub zr Bimmlbah'
OT Neudorf, Karlsbader Str. 215
Tel.: 03 73 42 / 82 63
www.gaststub-zr-bimmlbah.de
Gemütliche Gaststätte u. a. mit Kleinbahnflair und regionaltypischen Gerichten. Nur hier gibt es die aktuelle Siegersuppe des jährlichen Kochwettbewerbes. Tgl. ab 11 Uhr, Do Ruhetag.

MIT KINDERN UNTERWEGS
Schauwerkstatt zum Weihrichkarzl
OT Neudorf, Karslbader Straße 189
Tel.: 03 73 42 / 14 93 90
www.juergen-huss.de
Mo bis Fr 10 – 18, Sa 10 – 17 Uhr.
Der liebevoll restaurierte Dreiseitenhof von Jürgen Huss liegt im Zentrum von Neudorf. Im Hof und in der Schauwerkstatt dreht sich (fast) alles um die Räucherkerzen. Den meisten Spaß macht es aber, wenn man aus der schwarzen Masse seine eigenen Exemplare kneten und vorher natürlich auch mit Geruchsstoffen „würzen" kann. Ein lustiger Urlaubshöhepunkt für die ganze Familie (Voranmeldung ist jedoch erforderlich).

SERVICEINFO
Gästeinformation Sehmatal
OT Neudorf, Karlsbader Straße 171
Tel.: 03 73 42 / 16 04-0
www.sehmatal.de
Mo bis Fr 13-17 Uhr.

▶ CROTTENDORF
4.200 Einwohner

Einem fränkischen Waldhufendorf gleichend, entstand der Ort am Oberlauf der Zschopau. Daraus lässt sich schließen, wenn auch über das Gründungsjahr und die Siedler nichts bekannt ist, dass es auch hier Menschen aus dem Fränkischen waren, die sich wie überall im Erzgebirge im 11. und 12. Jahrhundert niederließen. Die Zschopau entspringt nur wenige Kilometer vom Ort entfernt in 1125 m ü. NN am Fichtelberg. Crottendorf selbst und der angeschlossene OT Walthersdorf liegen etwa 500 m tiefer. Ebenso wie in Neudorf gibt es auch hier die Möglichkeit, seine eigenen Räucherkerzchen zu basteln. Bei den Original Crottendorfer Räucherkerzen, einer traditionellen Firma, werden Führungen durch

DAS OBERE ERZGEBIRGE IV

die Produktion veranstaltet. So hat der Besucher die Chance, hinter die Geheimnisse der kleinen, duftenden Kegel zu schauen. Wer möchte, kann sich aber auch seine eigenen, ganz individuellen Räucherkerzen per Hand mischen und formen. Genau so, wie es Firmengründerin Freya Graupner vor mehr als 70 Jahren getan hat (Am Gewerbegebiet 11, Tel.: 03 73 44 / 72 34, www.crottendorfer-raeucherkerzen.de).

Mindestens ebenso „original", ist das Crottendorfer Schnaps-Museum. Die Otto Ficker Grenzwald Destillation produziert seit Jahrzehnten ganz verschiedene Kräuterschnäpse und ist damit zu einer der beliebtesten Marken im Erzgebirge geworden. Im Museum erhält man einen Einblick in die Produktion erzgebirgischer Kräuterschnäpse gestern und heute (Rathenaustraße 59c, Tel.: 03 73 44 / 13 25 90, www.grenzwald.de, Mo bis Fr 10 – 17, Sa 9 – 12 €).

ESSEN UND TRINKEN
✗ *Erzgebirgisch*
Gasthaus Bauernstübel
August-Bebel-Straße 220 A
Tel.: 03 73 44 / 82 16
www.gasthaus-bauernstuebl.de
Erzgebirgische Hausmannskost und Getränke – dafür steht das Bauernstübl. Mo bis Sa ab 15 Uhr, So ab 11.30 Uhr, Do Ruhetag.

✗ *Historisch und preiswert*
Gasthof zur Glashütte
Scheibenberger Straße 23b
Tel.: 03 73 44 / 82 53
www.gasthof-zur-glashuette.de
Schankrecht seit 1490: Wer sich so lange am Markt behauptet, muss gut sein. Die Preise spielen mit.
Mo bis Sa 11.30 – 14 und ab 17.30, So 10 – 14 und ab 17.30 Uhr.

SERVICEINFO
Tourist-Information Crottendorf
August-Bebel-Straße 231c
Tel.: 03 73 44 / 71 53
www.crottendorf-erzgebirge.de

▶ *Räucherkerzen selbst fertigen – das geht bei Freya Graupner.*

UNTERWEGS IM ERZGEBIRGE

Das östliche Erzgebirge
Rund ums Spielzeugland

Mehr als im Rest des Erzgebirges waren es im östlichen Teil, rund um Seiffen, Spielzeugmacher, die die Grundlage für das traditionelle erzgebirgische Handwerk legten. Bis heute ist das Spielzeugland weltweit ein Begriff. Aber das östliche Erzgebirge hat mehr zu bieten. So sind auch hier bergbauliche Zeitzeugen wichtige Touristenmagnete, doch auch die Meisterwerke des weltberühmten Orgelbauers Gottfried Silbermann ziehen Gäste aus der ganzen Welt in die Region.

▶ FREIBERG

40.000 Einwohner

Freiberg ist die größte Stadt im Erzgebirge, und gleichzeitig nahm hier all das seinen Anfang, was sich später im gesamten Erzgebirge verbreitet hat. Vor mehr als 800 Jahren wurde hier das erste Silber in der Region gefunden. Der Sage nach war es ein Fuhrmann, der mit den tief in den regennassen Boden einsinkenden Rädern seines Karrens einen glitzernden Stein aus dem Boden riss. Das erste Silbererz. Über Jahrhunderte bestimmte der Bergbau über das Wachsen und Gedeihen der Bergstadt. 1765 wurde die erste montanwissenschaftliche Hochschule der Welt gegründet. Viele Generationen von Bergbaufachleuten aus der ganzen Welt erhielten hier ihr fachliches Rüstzeug. Das hohe Ansehen der Universität ist bis heue geblieben.

Sehenswürdigkeiten

Ein Kleinod ist die Altstadt mit ihren zahlreichen historischen Eckpunkten. Am Obermarkt passiert man das Rathaus aus dem Jahre 1410. Der Ratskeller am Obermarkt wurde 1545 als Kaufhaus und Repräsenta-

DAS ÖSTLICHE ERZGEBIRGE IV

tionsgebäude erbaut. Nicht zu übersehen auch der Stadtgründer Otto der Reiche auf dem Löwenbrunnen im Zentrum des Marktplatzes. Das Alnpeckhaus auf der Petersstraße beherbergte bis Ende des 16. Jahrhunderts die Freiberger Münze. Die Petrikirche auf dem gleichnamigen Platz besitzt drei Türme. Der Petriturm ist mit seinen 72 Metern, der höchste der Stadt. 230 Stufen gilt es zu überwinden. Der Blick lohnt den Aufstieg (www.petri-nikolai-freiberg.de). In der Kirche steht eine der schönsten Orgeln aus der Werkstatt des Gottfried Silbermann. Es handelt sich um das Pendant der Orgel, die sich in der Dresdner Frauenkirche befand und mit ihr zerstört wurde. Der wichtigste Sakralbau der Stadt ist der Dom St. Marien. Schon äußerlich beeindruckend, sind es vor allem seine inneren Werte, die die Besucher anziehen.

Als erstes sicher die spätromanische Goldene Pforte, dann die filigrane Tulpenkanzel und die große Silbermann-Orgel. Der Meister lebte seit 1711 in Freiberg und schuf bereits 1714 für den Dom der Stadt, in der er bis zu seinem Tod 1754 wohnte, dieses Meisterwerk, dessen Klang bis heute Orgelliebhaber begeistert und dessen 300-jähriges Jubiläum in 2014 Anlass für ein Festjahr ist (www.freiberger-dom.de).

Direkt neben dem Dom befindet sich das Stadt- und Bergbaumuseum. Im Domherrenhof hat es die schönsten spätgotischen Innenräume der Stadt bezogen. Neben bergmännischen Exponaten sind es vor allem Gemälde von Lucas Cranach d. J., die ältesten Bergbauschnitzereien Sachsens und der älteste erhaltene Schwibbogen der Welt, die die Ausstellung bereichern (Am Dom 1, Tel.: 0 37 31 / 2 02 50, www.museum-freiberg.de, Di bis So 10 – 17 Uhr, Erw. 3 €, Kinder 1,50 €).

Der Schlossplatz wird dominiert von Schloss Freudenstein. Bereits im 12. Jahrhundert hatte Otto der Reiche zum Schutz seiner schnell wachsenden Bergbausiedlung an dieser Stelle eine Burg errichten lassen. 1505 bis 1539 entstand dann die Residenz Herzog Heinrich des Frommen. Später zerfiel die Anlage mangels Nutzung, und in der zweiten Hälfte des 20. Jahrhunderts schien der endgültige Verfall unaufhaltbar. Zum Glück fanden sich Mittel, um das alte Schloss wieder zu beleben. Seit 2008 erstrahlt es in neuem Glanz und beherbergt neben dem Bergarchiv die terra mineralia, die wohl schönste und größte mineralogische Sammlung weltweit. Die Ausstellungsstücke stammen ausnahmslos aus der Privatsammlung der Schweizerin Dr. Erika Pohl-Ströher, die sie der TU Bergakademie Freiberg als Dauerleihgabe zur Verfügung stellte. Das besondere Interesse der Sammlerin galt dabei nicht der Stufengröße, für sie zählte vor allem die Form- und Farbenvielfalt der Kristalle. Gerade das ist es, was die Besucher heute

IV UNTERWEGS IM ERZGEBIRGE

so fasziniert (Schlossplatz 4, Tel.: 0 37 31 / 39 46 54, www.terra-mineralia.de, Do bis So 9 – 17, Sa/So 9 – 18 Uhr, Erw. 8 €, Kinder 4 €, Führungen für Individualtouristen Sa/So 11 Uhr).

Schacht Reiche Zeche
Mit mehr als 800 Jahren Tradition ist das Besucherbergwerk Reiche Zeche am Rande der Stadt seit Jahrzehnten ein Anziehungspunkt für Touristen. Auf verschiedenen Führungsrouten kann das Abenteuer Silberbergbau hautnah erlebt werden. Im August 2013 musste der Komplex allerdings für Bauarbeiten geschlossen werden. Die Neueröffnung ist für 2015 vorgesehen (Tel.: 0 37 31 / 39 45 71, www.besucherbergwerk-freiberg.de).

ESSEN & TRINKEN
✕ *Historisch*
Pfeffersack
Kirchgasse 15c
Tel.: 0 37 31 / 45 86 76
www.historische-gastwirtschaft-pfeffersack.de
Nicht nur das Ambiente ist historisch, auch auf der Speisekarte tummelt sich manch deftig-uriges Gericht. Ein gut gefüllter Beutel sollte aber dabei sein. Di bis Sa 12 – 14.30 und 18 – 24, So 12 – 14.30 und 18 – 22 Uhr.

✕ *Böhmisches*
Stadtwirtschaft Freiberg
Burgstraße 18
Tel.: 0 37 31 / 69 24 69
www.stadtwirtschaft.de
Die Böhmische Grenze ist nicht weit und die Böhmische Küche ebenso beliebt wie das gute Bier dieser Region. Hier schmeckt es auch ohne „Grenzübertritt". Mo bis So 11 – 02 Uhr.

SERVICEINFO
Tourist-Information
Burgstraße 1
Tel.: 0 37 31 / 4 19 51 90
www.freiberg-service.de
Mo bis Fr 9 – 17, Sa 9 – 12 Uhr.

▶ BRAND-ERBISDORF
10.000 Einwohner

Die alte Bergstadt schließt sich unmittelbar an Freiberg an. Entstanden ist sie 1912 durch die Zusammenlegung der Orte Brand und Erbisdorf. Erbisdorf existierte als Bauernsiedlung bereits im 12. Jahrhundert. Die Entstehung von Brand hängt mit dem Silberbergbau zusammen. Das Brander Revier war eines der reichsten in ganz Sachsen. Wie Chronisten berichten, sind allein in der Grube Himmelsfürst Erze mit einem Gehalt von mehr als 700 t Feinsilber aus dem Fels gebrochen worden. Zeugnisse des Bergbaus in der Stadt sind u. a. das sogenannte Buttermilchtor, das bis 1821 als Kunstgrabenaquädukt genutzt wurde, sowie zahlreiche gut erhaltene Bergmannshäuser. Eine Ausstellung im Museum Huthaus Einigkeit erläutert den Weg des Silbererzes von der Gewinnung im Stollen bis hin zur Aufbereitung (Jahnstraße 14, Tel.: 0 37 34 44 / 5 06 99, www.brand-

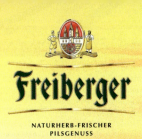

Ganz unsere Natur

Genießen Sie ein Pils, in langer Tradition, meisterlich gebraut mit dem quellklaren Wasser des Erzgebirges. Ein Pils voller Lebensfreude, naturherb-frisch, wie die Landschaft dieser sanften Bergwelt.

www.freiberger-pils.de

IV UNTERWEGS IM ERZGEBIRGE

erbisdorf.de, Di bis So 10 – 12 und 13.30 – 17 Uhr, Erw. 2,50 €, Kinder 1,50 €). Die Schauanlage Bartholomäusschacht kann im Rahmen einer Führung besichtigt werden. Anmeldungen sind im Museum möglich.

ESSEN & TRINKEN
✗ *Sächsische Zugspitze*
Ausflugslokal „Zugspitze"
An der Zugspitze 15
Tel.: 03 73 22 / 5 23 98
www.zugspitze-sachsen.de
Ambitionierte Gastronomie inklusive gehobener Küche und dem angepasste Preise. Di bis Fr 11 – 14 und ab 17 Uhr, Sa/So ab 11.30 Uhr.

✗ *Bodenständig*
Gasthof „Central"
OT Langenau
Neue Hauptstraße 127
Tel.: 03 73 22 / 52 27 22
www.gasthof-central.de
Ländliches Ambiente mit Gemütlichkeit und volkstümlichen Preisen. Mo/Do/Fr/Sa ab 17, So ab 11 Uhr. Do 11.30 bis 14 Uhr Eintopfessen.

SPORT & FREIZEIT
Der Bergbaulehrpfad vermittelt einen Eindruck vom engmaschigen Netz bergbaulicher Anlagen rund um Brand-Erbisdorf. Der mit großem Aufwand gepflegte 23 km lange Rundwanderweg verbindet sportlichen Einsatz mit Bergbaugeschichte.

SERVICEINFO
Huthaus
Jahnstraße 14
Tel.: 03 73 22 / 5 06 99
www.brand-erbisdorf.de
Di bis So 10 – 12, 13.30 – 17 Uhr.

▶ SAYDA
1.900 Einwohner

Trotz zahlreicher Ortsteile bringt es Sayda nicht einmal mehr auf 2.000 Einwohner. Das war früher anders. Bereits im 15. Jahrhundert, Sayda erhielt 1442 das Stadtrecht, lebten hier mehr als 3.000 Menschen. Als feste Zollstätte am niedrigsten Erzgebirgspass hatte die Stadt schnell an Bedeutung gewonnen. Dagegen spielte der Bergbau keine dominante Rolle wie anderswo in der Umgebung. Die ehemals stattliche Burg ist in den Wirrnissen und Verwüstungen besonders des Dreißigjährigen Krieges ebenso verschwunden wie fast alle mittelalterlichen Gebäude.
Heute interessant: die spätgotische Hallenkirche „Zu unseren lieben Frauen", die den Ort überragt und das Hospital zu St. Johannes. Das Gebäude stammt aus dem Jahr 1598 und beherbergt jetzt das Erzgebirgische Heimatmuseum. Im Mittelpunkt der mehr als 5.000 Ausstellungstücke stehen die Arbeits- und Lebensbedingungen der einfachen Menschen im Gebirge (Dresdner Straße 78, Tel.: 03 73 65 / 14 70, www.alte-salzstrasse.de, April bis Okt. So 9 – 12 Uhr). Etwas sehr Seltenes ist die Röhrenbohrerei, die 1864 im Ortsteil Friedbach errichtet wurde. Von Wasserkraft angetrieben, ist sie bis

DAS ÖSTLICHE ERZGEBIRGE IV

heute voll funktionsfähig (Schauvorführungen: Tel.: 03 73 65 / 73 08). Ebenfalls in Friedbach ist die alte Mittelmühle für Besucher geöffnet. Zu sehen sind ein Leinenschrotofen, eine Stempelpresse und ein großes Wasserrad mit sechs Stempelpaaren. Noch bis 1958 war sie als Getreide- und Ölmühle in Betrieb (OT Friedbach, Freiberger Straße 55, Tel.: 03 73 65 / 13 52, www.sayda.eu, Di/Do 9 – 16, Sa/So 10 – 17 Uhr, Erw. 2 €, Kinder 1 €).

ESSEN & TRINKEN
Altsächsisches
Gasthof „Kleines Vorwerk"
Mühlholzweg 12
Tel.: 03 73 65 / 9 99 10
www.kleines-vorwerk.de
Wenn es hier auf der Speisekarte auch ab und an international zugeht, bilden immer erzgebirgische und sächsische Rezepte den Schwerpunkt. Tgl. ab 11 Uhr.

Naturnah
Waldhotel Kreuztanne
OT Friedbach
Tel.: 03 73 65 / 17 60
www.kreuztanne.de
Die Gäste werden mit regionalen, gutbürgerlichen Gerichten verwöhnt. Tgl. 7 – 23 Uhr.

SERVICEINFO
Tourismusbüro
Am Markt 1
Tel.: 03 73 65 / 9 72 22
www.sayda.eu

▶ FRAUENSTEIN
3.000 Einwohner

Sehenswertes in unbekannter Gegend? Damit kann das Städtchen Frauenstein mit seinen Ortsteilen aufwarten. Hier trifft sich kleinstädtisches Flair mit der Ruhe auf dem Lande. Um den Schlossberg mit seiner Ruine rankt sich manche Sage. Das Gimmlitztal, in dem sich einst 16 Mühlräder drehten, steht dem wenig nach.

Wenig mit Sagen zu tun hat das, was es über Gottfried Silbermann, den berühmtesten Sohn der Stadt, zu erzählen gibt. Das kleine, aber feine Gottfried-Silbermann-Museum im Kreuzgewölbesaal des Schlosses ist dem Leben und Werk des großen Orgelbaumeisters gewidmet, der in Frauenstein aufgewachsen ist und dort auch die Schule besuchte.

Die kleine Orgel im Museum wird ebenso für Konzerte genutzt wie die vom Meister 1748 fertig gestellte Silbermann-Orgel in der Dorfkirche des OT Nassau (Am Schloss 3, Tel.: 03 73 26 / 12 24, www.silbermann-museum.de, 10 – 16 Uhr, montags geschlossen, Preise im Internet).

Die Burgruine ist von Mai bis Oktober tgl. von 10 – 16 Uhr für Besucher geöffnet, Mo Ruhetag.

ESSEN & TRINKEN
Deckenrelief
Hotel und Restaurant „Goldener Stern"
Markt 22
Tel.: 03 73 26 / 12 21

IV UNTERWEGS IM ERZGEBIRGE

▶ *Schloss und Burgruine in Frauenstein.*

www.goldener-stern-frauenstein.de
Eigentlich sollte man sich vom guten Essen im Goldenen Stern nicht ablenken lassen, doch diese Ablenkung ist gewollt: Ein tolles Deckenrelief bringt den Gästen die Stadt und ihre Umgebung näher.
Mo bis Fr 11 – 14 und ab 17 Uhr, Sa/So ab 11 Uhr.

DAMPFEND DURCHS GEBIRGE

Die Weißeritzbahn gehört zu den schönsten Kleinbahnstrecken Deutschlands. Nach den schweren Hochwasserschäden 2002 konnte sie 2008 zumindest auf der Strecke von Freital-Hainsberg nach Dippoldiswalde wieder den Verkehr aufnehmen. Die Hochwasserschäden 2013 waren dagegen vergleichsweise gering.
IG Weißeritzbahn e.V.,
Dresdner Straße 280, 01705 Freital,
Tel.: 03 51 / 6 41 27 01,
www.weisseritztalbahn.de

SERVICEINFO
Stadt-Information
Markt 29, Tel.: 03 73 26 / 8 38 25
www.frauenstein-erzgebirge.de

▶ RECHENBERG-BIENENMÜHLE
2.050 Einwohner

Der Ort war jahrhundertelang Sitz eines Rittergeschlechts, dessen Burg mit Wehranlage Ausgangspunkt für die Besiedlung der Region war. Viel später, in Zeiten der DDR, entdeckte der FDGB-Feriendienst die schöne Lage und die tolle Natur. Betriebsferienheime und viele Privatvermieter, zumeist Vertragspartner des FDGB-Feriendienstes, lockten Jahr für Jahr tausende Erholungssuchende in dieses stille Eckchen. Heute sitzt Rechenberg-Bienmühle ein bisschen zwischen den touristischen Stühlen. Auf der einen Seite das Spielzeugland rund um Olbernhau und Seiffen, auf der anderen Seite

DAS ÖSTLICHE ERZGEBIRGE IV

das „richtige" Osterzgebirge mit Altenberg. Doch diese Lage hat gleichzeitig großes Potential. Wer sich für Urlaub hier entscheidet, hat attraktive Ausflugsmöglichkeiten in alle Richtungen. Stück für Stück kommen also wieder mehr Touristen in die Gegend.

Übrigens: Alle Bierliebhaber sind in Rechenberg sowieso am richtigen Ort. Bereits 1558 erhielt die Rittergutsbrauerei das Braurecht, und bis heute kommt leckerer Gerstensaft aus dem Lagerkeller. Die kleine Privatbrauerei Meyer ließ nach umfangreichen Modernisierungsarbeiten das Alte nicht einfach abreißen, sondern steckte viel Geld, Zeit und Liebe in das Sächsische Brauereimuseum. 2002 öffnete es seine Pforten. Sachkundige Führer garnieren ihre Rundgänge gern mit Anekdoten rund ums Bier und demonstrieren auch anhand historischer Technik, wie vor Jahrhunderten aus Hopfen, Malz und Wasser das beliebte „Rechenberger" gebraut wurde (An der Schanze 3, Tel.: 03 73 27 / 12 08, www.museumsbrauerei.de, Führungen inkl. Verkostung: Di bis Fr 1 und 14, Sa/So 11/13 und 15 Uhr, Erw. 6,50 €, Kinder 3 € inkl. Getränk).

ESSEN & TRINKEN
Bodenständig

Gaststätte und Pension „Alte Mühle"
OT Holzhau, Siedlerweg 6
Tel.: 03 73 27 / 99 44
www.pension-alte-muehle.de

STADT FRAUENSTEIN – DER STERN IM ERZGEBIRGE

Die Stadt Frauenstein ist durch die herrliche und zentrale Lage bekannt und beliebt. Ihr Ruf verbindet sich in Sachsen und darüber hinaus mit der wohl schönsten, mittelalterlichen Burgruine und dem Namen Gottfried Silbermann. Eine seiner 45 erbauten Orgeln erklingt heute noch in der Kirche des Stadtteiles Nassau. Während einer historischen Stadt- oder Burgführung, einer Tour zu Fuß bzw. per Rad, lernt man Interessantes kennen und genießt die Natur mit reizvoller Tälerromantik in vollen Zügen. Das Städtchen Frauenstein mit seinen vier Stadtteilen bietet also Urlaub pur.

Stadt-Information
Markt 29
09623 Frauenstein
Tel.: 03 73 26 / 8 38 25 oder 12 24
Fax: 03 73 26 / 8 38 19
fva@frauenstein.com
www.frauenstein-erzgebirge.de

IV UNTERWEGS IM ERZGEBIRGE

Historisches Fachwerkhaus liebevoll restauriert, und gekocht wird wie bei Muttern. Tgl. 10 – 22 Uhr.

SERVICEINFO
Fremdenverkehrsamt
An der Schanze 1
Tel.: 03 73 27 / 83 30 98
www.fva-holzhau.de.

▶ DIPPOLDISWALDE
10.000 Einwohner

„Dipps", wie nicht nur Einheimische, sondern auch zahlreiche Gäste die große Kreisstadt gern nennen, hat es gut. Zwar liegt es an der viel befahrenen B170, doch hat es gleichzeitig nach der Eingemeindung von Paulsdorf und Malter sein eigenes Naherholungsgebiet, die Talsperre Malter.
Seinen Namen soll Dippoldiswalde einem Einsiedler Namens Dippold verdanken, der vor etwa 1000 Jahren in der Gegend gelebt haben könnte.

Sehenswürdigkeiten

Sehenswert in der Stadt selbst sind der kleine historische Stadtkern mit dem Markt und dem Rathaus sowie das Schloss mit dem Amtsgericht und der Kunstsammlung Osterzgebirgsgalerie. Sie präsentiert neben Werken einheimischer Künstler auch Werke von Kurt Querner und Hermann Glöckner. Die Ausstellungsräume selbst sind die ältesten des Schlosses und stammen vermutlich aus dem 13. Jahrhundert (Kirchplatz 8, Tel.: 0 35 04 / 6 12 24 18, Di bis So 10 – 17 Uhr, März bis Okt. an Wochenenden nur ab 13 Uhr).
Sehr interessant, weil nicht ganz alltäglich ist das Lohgerbermuseum. Es hat seinen Platz in einer alten Lohgerberei gefunden, die um 1750 erbaut wurde. Der Gebäudekomplex schließt das barocke Wohnhaus der Lohgerberfamilie ebenso ein wie die Lohgerberwerkstatt, verteilt auf drei Etagen. Daneben haben auch Exponate aus der Geschichte von Dippoldiswalde Platz gefunden (Freiberger Straße 18, Tel.: 0 35 04 / 61 24 18, www.lohgerbermuseum.de, Di bis Fr 10 – 17 Uhr, Sa/So 13 – 17 Uhr, Erw. 2,20 €, Kinder 1,50 €).

ESSEN & TRINKEN
✕ *Moderne Küche*
Restaurant Dippold-Klause
Am Heidepark 11
Tel.: 0 35 04 / 6 25 51 01
www.hotel-am-heidepark.de
Sehr modernes Restaurant mit einer ebensolchen Küche. Es gibt viele saisonale Angebote. Mo/Di/Do 11 – 14, 17.30 – 21, Fr 11 – 14, 17.30 – 23, Sa 11 – 23, So 11 – 21 Uhr.

✕ *Seeblick*
Landhotel Paulsdorf
Talsperrenstraße 31
Tel.: 0 35 04 / 61 30 63
www.landhotel-paulsdorf.de
Gutbürgerliche Speisen im gemütlichen Rahmen und zu verträglichen Preisen. Mo bis Fr 16 – 23, Sa 11.30 – 24, So 11.30 – 21 Uhr.

DAS ÖSTLICHE ERZGEBIRGE IV

SPORT & FREIZEIT
Die Talsperre Malter direkt vor der Haustür lädt zu verschiedenen Wassersporterlebnissen ein. Schwimmbäder gibt es in Malter, Paulsdorf und Seifersdorf, Ruderbootverleihe ebenfalls. Auf Rundwanderwegen kann man die schöne Umgebung kennenlernen
www.erlebnis-talsperre.de

SERVICEINFO
Bürgerbüro
Markt 2, Tel.: 03504/6499-0
www.dippoldiswalde.de
Mo bis Mi 9 – 16, Do 9 – 18, Fr 9 – 12 Uhr.

▶ GLASHÜTTE
6.900 Einwohner

Zum Zentrum der deutschen Uhrenindustrie wurde die kleine Stadt im Osterzgebirge erst im 19. Jahrhundert. Vorher dominierte die in der Region weit verbreitete Glasherstellung das Handwerk in der Stadt. Für ehemalige DDR-Bürger verbindet sich mit „Glashütte" oft die erste „richtige" Uhr, die zur Jugendweihe oder zur Konfirmation auf dem Geschenketisch lag. Eine gute „Glashütte" war mit Preisen oberhalb von 100 Ostmark zur damaligen Zeit auch kein Schnäppchen, doch mit den heutigen Produkten solcher Traditionsunternehmen wie Lange & Söhne preislich kaum vergleichbar. Über die Geschichte der Uhrenindustrie erfährt man mehr im Deutschen Uhrenmuseum. Dort wird die 160-jährige Tradition der Herstellung mechanischer Uhren lebendig. Über das Phänomen Zeit wird philosophiert und so manches Schmuckstück gezeigt, das zwar letztlich auch nur die Zeit anzeigt, aber durchaus 30.000 € und noch viel mehr kosten kann (Schillerstraße 3a, Tel.: 03 50 53 / 4 62 83, www.uhrenmuseum-glashuette.de, tgl. 10 – 17 Uhr, Erw. 6 €, Kinder 4 €).

Einzigartig für Deutschland ist die Kombination einer historischen Mühle mit einer Bäckerei. Das technische Denkmal verrichtet bis heute klaglos seine Arbeit. Die historische Mühlentechnik kann besichtigt werden, und die leckeren Backwaren, die aus dem Qualitätsmehl der Mühle gebacken werden, kann man gleich nebenan kaufen (OT Bärenhecke, Mühlenstraße 1, Tel.: 03 50 53 / 4 13 34,
www.baeckerei-baerenhecke.de,
Führungen tgl. nach Vereinbarung).

ESSEN & TRINKEN
✕ *Zentral*
Bistro H4
Hauptstraße 4
Tel.: 03 50 53 / 3 04 49
www.pension-glashuette.de
Gemütliche Galträume und eine große Auswahl an Speisen.
Mo bis Fr 9 – 22, Sa 12 – 22 Uhr.

MIT KINDERN UNTERWEGS
So ziemlich alles, was der Pilzsammler wissen sollte, erfährt er im Deutschen Pilzkundekabinett. Eine abwechslungsreiche botanische

UNTERWEGS IM ERZGEBIRGE

Lehrstunde für Groß und Klein, besonders wenn es im Urlaub auch auf „Pilzejagd" gehen soll (OT Reinhardtsgrimma, Hauptstraße 44, Tel.: 03 50 53 / 4 88 68, www.pilzmuseum-erbgericht.org, April bis Nov. So 10 – 17 Uhr, Erw. 2,50 €, Kinder 1,50 €).

SERVICEINFO
Stadtverwaltung Glashütte
Hauptstraße 42
Tel.: 03 50 53 / 4 20 50
www.glashuette-sachs.de

▶ ALTENBERG
8.300 Einwohner

Gemeinsam mit seinem Ortsteil Zinnwald-Georgenfeld hat sich die alte Bergstadt neben Oberwiesenthal zum zweiten großen Mekka der Skifreunde im Erzgebirge gemausert. Doch auch im Sommer ist die Region nach 1990 ein beliebtes Touristenziel geblieben. Seit 2004 darf sich Altenberg mit dem Prädikat „Kneipp-Kurort" schmücken. Als Ortsteile gehören ebenfalls Bärenfels, Kipsdorf und Oberbärenburg zur Stadt. Allesamt Namen, die seit Jahrzehnten bei Erholungssuchenden einen guten Klang haben.

1440 wurde in der Region Zinn gefunden. Damit begann eine Entwicklung, die erst 1991 ein (vorläufiges?) Ende fand. Noch immer gilt die Lagerstätte am Alten Berg als eine der größten Europas. Wer weiß, was steigende Rohstoffpreise

SEIROBA ERLEBNISWELT

Im durch die Holzkunst weltbekannten Kurort Seiffen begrüßt Sie das Team der Seiroba Erlebniswelt.
Das Team bietet Ihnen eine Sommerrodelbahn, Modellbahnausstellung mit Shop, einen großen Spielplatz und Erlebnisgastronomie esSBahn mit Grillhaus. Mittwochs Familientag.

Seiroba GmbH
Bahnhofstraße 18 b
09548 Kurort Seiffen
Tel.: 03 73 62 / 71 79 oder
03 73 62 / 87 97 93
www.seiroba.de
Öffnungszeiten:
Alle weiteren Infos im Internet.

DAS ÖSTLICHE ERZGEBIRGE IV

da noch in Gang setzen…
Gut ausgeschilderte Wanderwege bieten reichlich Möglichkeiten, das Kammgebiet dies- und jenseits der Grenze zur Tschechischen Republik zu erkunden. Das Georgenfelder Hochmoor sollte man auf jeden Fall besuchen. Ebenfalls besuchenswert ist natürlich das Bergbaumuseum Altenberg. Das Museum umfasst drei Teile, die historische Zinnwäsche, den Schaustollen und die Pinge. Die Pochwäsche aus dem Jahre 1577 ist das letzte Überbleibsel der früheren Aufbereitungsanlage. Im 1803 aufgefahrenen Neubeschert-Glück-Stollen sind Arbeitsorte originalgetreu nachgestaltet worden. 500 Jahre Bergbaugeschichte werden lebendig. Wer eine Pingewanderung anschließt, erhält einen nachdenkenswerten Eindruck davon, welche Schäden der Altbergbau auch über Tage anrichten kann (Mühlenstraße 2, Tel.: 03 50 56 / 3 17 03, www.bergbaumuseum-altenberg.de, Mo bis Do, Sa/So 10 – 16 Uhr, Erw. 6 €, Kinder 4 € für Museum und Schaustollen).
Zu den Zeugnissen des Altbergbaus in der Region gehören das Museum Huthaus in Zinnwald, das zurzeit der Drucklegung leider geschlossen war und das Besucherbergwerk Vereinigt Zwitterfeld zu Zinnwald. Die Führungsdauer durch den Tiefen-Bünau-Stollen beträgt etwa 1,5 Stunden. Wer will (Gruppen), kann sich im Voraus einen untertägigen Bergmannsschmaus bestellen (OT Zinnwald, Goetheweg 8, Tel.: 03 50 56 / 3 13 44, www.besucherbergwerk-zinnwald.de, Di-So 10 – 15 Uhr, Erw. 7 €, Kinder 4 €.

ESSEN & TRINKEN
Zentral

Restaurant und Pension Bergglöckl
Dresdner Straße 21
Tel: 03 50 56 / 3 53 02
www.berggloeckl.de
Beliebtes, relativ zentral gelegenes Restaurant mit einem vielfältigen Angebot, Do bis Mo 11-20 Uhr.

SERVICEINFO
Tourist-Info
Am Bahnhof 1
Tel.: 03 50 56 / 2 39 93
www.altenberg.de.

▶ SEIFFEN
2.300 Einwohner

Der Kurort Seiffen gehört weltweit zu den bekanntesten Orten Deutschlands. Hier ist das Zentrum des Spielzeuglandes im Erzgebirge. Es sind die kleinen hölzernen Gesellen, die den Namen Seiffen hinaus tragen. Und so ist auch die Seiffener Barockkirche bei Millionen Familien in irgendeiner Form, zumeist in der Vorweihnachtszeit, ein beliebter Gast. In jeder Größe ist der barocke Bau zu haben. Zumeist mit kleinen Sternsängern davor, manchmal auch von innen beleuchtet. Natürlich lohnt auch ein Besuch im Original, dem Wahrzeichen von Seiffen (Mo bis Sa 11 – 15 Uhr).
In Seiffen trifft man nicht nur auf eine reizvolle Mittelgebirgs-

IV UNTERWEGS IM ERZGEBIRGE

KURORT SEIFFEN

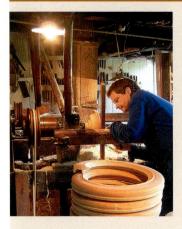
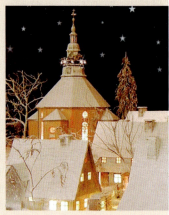

Seiffen, das international bekannte Spielzeugdorf im Herzen des Erzgebirges, wird bis heute durch sein handwerkliches Geschick und die Leidenschaft im Umgang mit dem Werkstoff Holz geprägt. Das im Zentrum des Ortes gelegene Erzgebirgische Spielzeugmuseum vermittelt eindrucksvoll die Entwicklung der Spielzeuge und des Weihnachtsbrauchtums. In diesem familienfreundlich ausgestatteten und zertifizierten Haus heißt es täglich: Geschichte spielend erleben! Die Vorführung des traditionellen Reifendrehens im Seiffener Freilichtmuseum gehört zu den faszinierendsten Erlebnissen. Das besondere dörfliche Flair, die wundervolle spätbarocke Rundkirche, zahlreiche Geschäfte Erzgebirgischer Holzkunstartikel, niveauvolle Restaurants und Cafes, aber auch attraktive, serviceorientierte Unterkünfte machen einen Ausflug nach Seiffen zu jeder Jahreszeit lohnenswert. Gepflegte, ausgeschilderte Wege durch eine reizvolle Landschaft erlauben genussvolle Wanderungen oder sportliche Radtouren. Seiffen in weißer Winterpracht bietet ungetrübtes Skivergnügen. Vom 1. Advent bis zum 6. Januar des neuen Jahres bezaubert Seiffen besonders: Ein märchenhaft geschmücktes Ortszentrum, Weihnachtsmarktbuden und stimmungsvolle Veranstaltungen prägen diese einmalige Atmosphäre.

Touristinformation Kurort Seiffen
Hauptstraße 95
09548 Kurort Seiffen
Tel.: 03 73 62 / 84 38
www.seiffen.de
www.spielzeugmuseum-seiffen.de

DAS ÖSTLICHE ERZGEBIRGE IV

landschaft sonderm auch auf viel Geschichte und gelebte Traditionen. Man begegnet dem Nussknacker als Förster oder Polizist, dem Räuchermann vielleicht als Waldschrat, und auf den ungezählten Pyramiden in den zahlreichen Kunsthandwerksgeschäften dreht die heilige Familie ihre Runden.

Der Name der Gemeinde kommt vom „ausseiffen" des Zinns aus dem Gestein. Das heißt, auch Seiffen lebte über Jahrhunderte mit und vom Bergbau. Doch früher als anderswo, bereits im 17. Jahrhundert, entwickelte sich die bis heute für die Region typische Reifendreherei. Als Zubrot für kinderreiche Bergmannsfamilien begann die Tradition, die Seiffen bis in die Gegenwart prägt. 1849 kam der Bergbau völlig zum Erliegen, und immer mehr ehemalige Bergleute mussten ihre Familien als Holzdrechsler über Wasser halten. Waren es anfangs hauptsächlich Gebrauchswaren, die entstanden, kamen relativ schnell kleine Spielwaren, Nussknacker, Räuchermänner, Engel, Bergmänner und Pyramiden dazu. Etwa 100 mehr oder weniger kleine Handwerksbetriebe fertigen heute die lustigen Gesellen aus Holz. In der Vorweihnachtszeit verwandelt sich der ganze Ort in einen einzigen Weihnachtsmarkt.

Es gibt in Seiffen zahlreiche Möglichkeiten, den Handwerkern über die Schultern zu schauen und in Ausstellungen mehr über die Region und ihre Traditionen zu erfahren. Zwei sollte man sich in keinem Fall entgehen lassen. Das Erzgebirgische Spielzeugmuseum liegt direkt im Ortskern. Auf drei Etagen warten mehr als 5.000 Exponate rund um erzgebirgische Spielwaren und Volkskunst. Die Geschichte der Spielwarenindustrie und die Weihnachtstraditionen teilen sich die Ausstellungsschwerpunkte. Die ältesten

▶ *Freilichtmuseum in Seiffen.*

IV UNTERWEGS IM ERZGEBIRGE

BERGKIRCHE SEIFFEN

Erleben Sie das Wahrzeichen Seiffens – die Bergkirche (1776-79)!
Gottesdienste – Musik – Besinnung · Wochentags 12 Uhr Führung · Gottesdienst i.d.R. sonn- und feiertags 9.30 Uhr

Pfarramt Seiffen
Pfarrweg 5
09548 Kurort Seiffen
Tel.: 03 73 62 / 83 85
Fax: 03 73 62 / 8 88 42
michael-harzer@web.de
(Pfarrer Michael Harzer)

Exponate sind mehr als 130 Jahre alt. Ein besonderer Anziehungspunkt ist neben den originalgetreu gestalteten Stuben aus dem Arbeitermilieu der Winterberg „Christmette in Seiffen". Unter dem Motto „Benutze mich" liegt für Kinder an vielen Stellen des Museums didaktisches Spielzeug zur kreativen Betätigung au (Hauptstraße 73, Tel.: 03 73 62 / 82 39, www.spielzeugmuseum-seiffen.de, tgl. 10 – 17 Uhr, Erw. 3,50 €, Kinder 1,50 €).

Etwas abseits im Oberdorf hat das Erzgebirgische Freilichtmuseum seinen Platz gefunden. Hier wurden 14 historische Gebäudekomplexe aus der Region zusammengetragen. Zu sehen sind Werkstätten des 19. Jahrhunderts. Zum Beispiel eine Stellmacherei, eine Spankorbmacherwerkstatt, ein Kleinbauernhof und ein Bergmannswohnhaus. Glanzpunkt des Museums ist das Preißlersche Wasserkraftdrehwerk aus dem 18. Jahrhundert. Hier können die Besucher die Entstehung der kleinen Reifentiere selbst verfolgen. Die Reifendreherei ist eine Form der Drechslerei, die es nur rund um Seiffen gab. Erst wenn die Reifen gespalten werden, kann man sehen, was sich im Reifen verbirgt, welches Tier der Reifendreher in den Holzreifen gezaubert hat (Hauptstraße 203, Tel.: 03 73 62 / 83 88, www.spielzeugmuseum-seiffen.de, tgl. 10 – 17 Uhr, Erw. 3 €, Kinder 1 €).

ESSEN & TRINKEN

✗ *Rustikal*
Gaststätte Holzwurm
Hauptstraße 71A
Tel.: 03 73 62 / 72 77
www.holzwurm-seiffen.de
Kleines, sehr gemütliches Restaurant mit erzgebirgstypischen Speisen.
Tgl. 11 – 22 Uhr.

✗ *Traditionell gut*
Hotel Erbgericht „Buntes Haus"
Hauptstraße 94
Tel.: 03 73 62 / 7 76-0
www.erzgebirgshotels.de
Das „Bunte Haus" gehört seit mehr als 500 Jahren zu Seiffen. Es besitzt sogar ein spezielles Restaurant für die Erzgebirgische Küche. Erzgebirgsrestaurant täglich von 7 – 22 Uhr.

DAS ÖSTLICHE ERZGEBIRGE IV

MIT KINDERN UNTERWEGS
Kein Problem, wenn die lieben Kleinen im Sommer plötzlich rodeln wollen. Auf der Sommerrodelbahn geht es auf einer 733 m langen Strecke rasant hinunter ins Tal.
Bahnhofstraße 18b
Tel.: 03 73 62 / 71 79
www.seiroba.de
tgl. 10 – 18 Uhr.

SERVICEINFO
Touristinformation
Hauptstraße 95
Tel.: 03 73 62 / 84 38
www.seiffen.de
Mo bis Fr 9 – 17, Sa 10 – 14 Uhr.

▶ NEUHAUSEN
2.800 Einwohner

Vor etwa 1.000 Jahren, noch bevor man von den Salzstraßen sprach, überquerten sogenannte Böhmische Steige auf wenigen Passstraßen das Gebirge. An einem solchen Steig entstand Schloss Purschenstein und später das heutige Neuhausen. War es im 19. Jahrhundert und auch in der ersten Hälfte das 20. Jahrhunderts vorrangig die Sitzmöbelproduktion, kam nach 1945 der Tourismus als zweites wirtschaftliches Standbein dazu. Zahlreiche Betriebsferienheime und Kinderferienlager entstanden in der Region. Auch der FDGB-Feriendienst konnte mit vielen Betten, hauptsächlich bei Privatvermietern, aufwarten. Die große „Nachwendedelle" scheint langsam zu verebben.

Sehenswürdigkeiten
Der Tourismus zieht seit einiger Zeit wieder an. Es gibt mancherlei zu sehen. So den Schwartenberg, der mit seinen 789 m ü. NN zu den höchsten Erhebungen im Osterzgebirge zählt oder auch das Erzgebirgische Glashüttenmuseum. Nicht zu vergessen Schloss Purschenstein. Im OT Cämmerswalde befindet sich ein kleiner Flugzeugpark. Zwei Schauflugzeuge, IL 14 und MIG 21, sowie ein Hubschrauber vom Typ MI 2 können besichtigt werden.

ESSEN & TRINKEN
Mit Überblick
Berggasthaus auf dem Schwartenberg
Am Schwartenberg 10
Tel.: 03 73 61 / 4 56 86
www.schwartenbergbaude.de
Vom Schwartenberg öffnet sich ein herrlicher Blick übers Gebirge. Da lässt sich gutbürgerliche Kost noch besser genießen. Tgl. ab 11 Uhr.

MIT KINDERN UNTERWEGS
Nussknacker gehören zu den besonderen Lieblingen von kleinen Urlaubern. Dem trägt das Nussknackermuseum in Neuhausen auf ganz besondere Art Rechnung. Mehr als 5.000 dieser Nüsse knackenden Gesellen hat Familie Löschner, die das Museum betreibt, zusammengetragen – und das weltweit. Da gibt es viel zu entdecken. Nicht nur Kinder kommen aus dem Staunen kaum heraus. Mutti und Vati geht es nicht anders. Gleich am Eingang wartet der größte Geselle. Mit

IV UNTERWEGS IM ERZGEBIRGE

10x10 m hat er es ins Guiness Buch der Rekorde geschafft. Aber der ist wohl eher für Kokosnüsse zuständig. Das kleinste, voll funktionsfähige Exemplar misst gerade mal 4,9 mm. Ob der mit Kirschkernen fertig würde? Die größte Spieldose der Welt steht auch am Museum, ebenso ein richtiges Hexenhaus.
Angeschlossen ist ein Technisches Museum, das dem Stuhlbau in der Region gewidmet ist (Bahnhofstraße 20-24, Tel.: 03 73 61 / 41 61, www.nussknackermuseum-neuhausen.de, Mo bis Fr 9 – 18, Sa/So 9 – 17 Uhr, Erw. 2,50 €, Kinder 1 €).

SERVICEINFO
Tourismusverein Neuhausen e.V.
Bahnhofstraße 8
Tel.: 03 73 61 / 41 87
www.neuhausen-erzgebirge.de
Mo bis Fr 9 – 12, 13 – 16 Uhr,
Sa 9 – 12 Uhr.

▶ DEUTSCHNEUDORF
1.050 Einwohner

Es war die Suche nach dem legendären **Bernsteinzimmer**, die die kleine Gemeinde Deutschneudorf immer mal wieder in die Schlagzeilen brachte. Das Bersteinzimmer hat man letztlich doch nicht gefunden. Aber im Schweinitztal direkt an der Grenze zur Tschechischen Republik, wo sich Deutschneudorf mit seinen Ortsteilen Deutschkatharinenberg, Brüderwiese und Oberlochmühle am Grenzbach entlangschlängelt, gibt es trotzdem einiges zu entdecken. Und damit ist nicht nur die herrliche Ruhe in einer ebensolchen Umgebung gemeint.
In Oberlochmühle zum Beispiel lädt eine Schauwerkstatt ein. Am Schwarzen Teich in der Hinteren Mühle dreht sich mit einem Durchmesser von 5,42 m das größte Wasserrad des Osterzgebirges, und das Ensemble aus Paulushof, Pfarramt, alter Schule und Kirche im Ortszentrum gehört zu den schönsten Beispielen erzgebirgischer Dorfarchitektur weit und breit. Etwas Gutes hat die Suche nach dem Bernsteinzimmer hinterlassen: das Besucher- und Abenteuerbergwerk Fortuna-Bernstein. Die Geschichte des Bergbaus in der Region reicht bis in den Anfang des 16. Jahrhunderts zurück. Reiche Kupfer- und Silbervorkommen führten zur Gründung von St. Katharinenberg auf böhmischer Seite. In Deutschkatharinenberg konzentrierte sich die Suche nach dem Bernstein-Schatz. Probebohrungen stießen auf das Mundloch des Stollens. Nach umfangreichen Sicherungsmaßnahmen konnte das Besucherbergwerk

GEDRECHSELTER STEIN

Im Ortsteil Zöblitz ist ein ganzes Museum dem Serpentingestein gewidmet, den man im Tagebau gewinnt und dann verarbeitet. Die historische Drechselwerkstatt aus dem Jahre 1889 gewährt einen Blick zurück, wie schon damals der Serpentinstein veredelt wurde.
Serpentinsteinmuseum Zöblitz, Bahnhofstraße 1, www.zöblitz.de

DAS ÖSTLICHE ERZGEBIRGE IV

2002 eröffnet werden. Bis heute ist das weit verzweigte, unübersichtliche Grubenfeld nicht vollständig erkundet (Deutschkatharinenberg 14, Tel.: 03 73 68 / 1 29 42, www.fortuna-bernstein.de, Di – So 10.30 – 16 Uhr, Führungen: 10.30, 11.30, 12.30, 14, 15.30 Uhr, Erw. 5,50 €, Kinder 3,50 €).

ESSEN & TRINKEN
✗ *Einfallsreich*
Gasthaus „An der Kirche"
Bergstraße 18
Tel.: 03 73 68 / 1 27 18
www.gasthaus-wagner.deutschneudorf.net
Ein Gasthof, in dem man sich wohl fühlt, mit einer sehr ideenreichen Speisekarte. Di/Do ab 11, Mi/Fr 11 – 14, ab 17, Sa/So ab 11.30 Uhr.

SERVICEINFO
Gemeindeverwaltung
Heike Schwirz, Bergstraße 5
Tel.: 03 73 68 / 2 18
www.deutschneudorf.de

▶ OLBERNHAU
9.400 Einwohner

Wenn man das Tor zum Spielzeugland sucht, ist man in Olbernhau an der richtigen Stelle. Die meisten Gäste in Richtung Seiffen kommen durch die „Stadt der sieben Täler". Es lohnt sich auf jeden Fall, auch für das „Tor" etwas Zeit einzuplanen. Olbernhau selbst war bereits recht früh industriell geprägt. 1902 erhielt es das Stadtrecht. Die Schwerindustrie, wie zum Beispiel das große Blechwalzwerk, hat sich zurückgezogen. Handwerk und Gewerbe sind heute dominierend. Im Zentrum erinnern nur noch die Stadtkirche aus dem 16. Jahrhundert und das Rittergut an vergangene Zeiten. Vor dem Stadtmuseum, das im Rittergut untergebracht ist, werden die Besucher von den drei bekanntesten „Einwohnern" der Stadt begrüßt: Pfefferkuchenfrau, Olbernhauer Reiterlein und Nussknacker. Hauptanziehungspunkte im Museum sind die mechanischen Heimatberge sowie die im 18. Jahrhundert gegründete Waffenmanufaktur (Markt 7, Tel.: 03 73 60 / 7 21 80, www.museum-olbernhau.de, Di bis Fr 10.30 – 15.30, Sa/So 12 – 16.30 Uhr, Erw. 3 €, Kinder 2 €).
Direkt an der Straße nach Seiffen, im OT Grünthal, liegt der Museumskomplex Saigerhütte. Einst entstand hier eine geschlossene Industriesiedlung, deren Geschichte bis ins 16. Jahrhundert zurückreicht. 22 Gebäude sind erhalten geblieben. Neben dem Museum gibt es eine Hüttenschule, eine Spinnstube, einen Hüttenladen und eine Schauwerkstatt. Im Museum werden Dokumente und Modelle zur Geschichte des Hammers und des Saigerverfahrens gezeigt (In der Hütte, Tel.: 03 73 60 / 7 33 67, www.saigerhuette-olbernhau.de, Di bis So 9.30 – 16 Uhr, Kombiticket mit Kupferhammer Erw. 4 €, Kinder 2 €).
Prunkstück des Areals ist der Kupferhammer Grünthal. Ursprünglich gehörten vier Hammerwerke zur

UNTERWEGS IM ERZGEBIRGE

Hütte. Eines ist bis heute voll funktionsfähig und bestens erhalten. Mit dem Dachkupfer aus Grünthal wurden unter anderem die Dresdner Frauenkirche und das Ulmer Münster gedeckt (Di bis So 9.30 – 11.30, 13 – 16 Uhr, Führungen 9.30, 10.30, 11.30, 13, 14, 15 und 16 Uhr, Erw. 3 €, Kinder 1,50 €).

ESSEN & TRINKEN

Mit Ausblick
Hotel zum Poppschen Gut
Zum Poppschen Gut 5
Tel.: 03 73 60 / 2 00 56
www.hotel-poppschesgut.de
Gut Bürgerliches ist Trumpf im Poppschen Gut. Nicht zu vergessen regionale Spezialitäten. Tgl. ab 14 Uhr.

Zentral
Gaststätte „Am Busbahnhof"
Gessingplatz 8
Tel.: 03 73 60 / 7 59 86
Vom Frühstück bis zum Abendbrot: Das Angebot ist breit gefächert und hält für jeden Appetit und Geldbeutel etwas bereit. Mo bis Do 8 – 20, Fr 8 – 22, Sa 9 – 20 Uhr.

MIT KINDERN UNTERWEGS

In der Museumswelt der Saigerhütte hat sich zusätzlich ein Kinderparadies niedergelassen. „Stockhausen – Das lebendige Spielzeugland" ist eine wahre Abenteuerwelt für kleine Besucher. Ob Megaspielburg, Spielepfad oder Würfelwelt: Stundenlang kann man hier spielen und toben. 1.100 qm bieten dafür reichlich Platz. Für die Großen gibt es einen Elternspielplatz und auch eine Ruhezone zum Erholen. Die Kleinsten finden im Knirpsenland Spaß und Spiel (OT Grünthal, In der Hütte 8, Tel.: 03 73 60 / 7 99 50, www.stockhausen-spieleland.de, Mo/Di/Do/Fr 10 – 18, Sa/So 12 – 18 Uhr, 6,30 € je Spielmatz).

SERVICEINFO
Tourist-Service Olbernhau
Grünthaler Str. 28
Tel.: 037360/15135
www.olbernhau.de

► POCKAU
3.800 Einwohner

Der Ort entstand um 1300 als Bauerndorf. Bereits vor dem 2. Weltkrieg und auch in den Jahrzehnten danach war Pockau ein beliebtes Ziel für Sommerfrischler aus Chemnitz. Heute gehören zu Pockau un-

► *Der historische Kupferhammer der Saigerhütte in Olbernhau Grünthal.*

ter anderem die Ortsteile Forchheim und Wernsdorf. In der barocken Dorfkirche von Forchheim, die übrigens von George Bähr, dem Baumeister der Dresdner Frauenkirche, errichtet wurde, steht eine der schönsten Orgeln aus der Werkstatt von Gottfried Silbermann.

Erholung findet man im Pockauer Kulturpark und in den Parkanlagen des Ritterguts in Wernsdorf. Die ehemalige kurfürstliche Amtsfischerei aus dem Jahre 1653 gehört zu den imposantesten Fachwerkhäusern im gesamten Erzgebirge und wurde mit großem Aufwand restauriert. Sie ist Sitz des Erzgebirgszweigvereins. Im Außenbereich gibt es einen Kräutergarten, einen Lehmbackofen und verschiedene historische Arbeitsgeräte der Bauern zu sehen.

Das Technische Museum Ölmühle ist eine gute Adresse für die ganze Familie. Ehemals waren es 16 Mühlen, die das Wasser der Pockau nutzten. Eine ist übrig geblieben. Mit bis heute komplett funktionstüchtiger Technik wird der Prozess der Ölgewinnung demonstriert (Mühlenweg 5, Tel.: 03 73 67 / 3 13 19, www.pockau.de/oelmuehle.htm, Mai bis Okt., Mi 15 – 16, Sa 9 – 11, 14 – 16 Uhr, Erw. 2 €, Kinder 1 €).

Essen & Trinken

✕ *Für Süßmäuler*
Gaststätte Café Mauersberger
Rathausstraße 1
Tel.: 03 73 67 / 8 20 72

Etwas für Liebhaber süßer Köstlichkeiten, aber auch andere Gäste kommen nicht zu kurz. Sa/So 13 – 18, Mo/Do/Fr 14 – 18 Uhr.

SERVICEINFO
Tourist-Information Pockau
Rathausstraße 10
Tel.: 03 73 67 / 3 13 19
www.pockau.de.

▶ LENGEFELD
4.200 Einwohner

Die kleine Bergstadt liegt eingebettet zwischen drei Talsperren, und somit ist ihr größtes Kapital die waldreiche Umgebung mit zahlreichen Wandermöglichkeiten.

Die Geschichte der Stadt ist eng mit der Burg Rauenstein verbunden. Diese wurde als Zoll- und Schutzburg am mittelerzgebirgischen Querweg von Freiberg nach Annaberg an einer Furth durch die Flöha errichtet. Der sehenswerte Gebäudekomplex der Fachwerksarchitektur erstrahlt in alter Schönheit. Die Burg ist aber, da in Privatbesitz, leider nur von außen zu bewundern. Einen dreifachen Grund für einen Besuch bietet das Technische Denkmal Kalkwerk. Da ist einmal die Historie des Kalksteinbergbaus und der dazu gehörenden Brennöfen, zum anderen wurden hier bedeutende Teile der Kunstsammlung der Dresdner Gemäldegalerie Alter Meister in den letzten Kriegsmonaten in den feuchten Stollen des Altbergbaus ausgelagert und dann von der Roten

UNTERWEGS IM ERZGEBIRGE

Armee requiriert. Eine interessante Ausstellung erzählt davon und auch von ihrer Rückkehr aus Russland nach Dresden. Außerdem kann das Museum auf eine botanische Attraktion verweisen. Von Mitte Juni bis Anfang August blühen auf der Sohle des Altbergbaus tausende Orchideen (Kalkwerk 4, Tel.: 03 73 67 / 22 74, www.kalkwerk-lengefeld.de, April bis Okt. Mi bis So 10 – 16 Uhr, Erw. 4 €, Kinder 3 €).

ESSEN & TRINKEN
✕ *Frisches*
Erzgebirgshof Lengefeld
August-Bebel-Weg 19
Tel.: 03 73 67 / 22 53
www.erzgebirgshof-lengefeld.de
Immer frisch auf den Tisch und trotzdem eine große Auswahl. Tgl 9 – 22 Uhr.

SERVICEINFO
Tourist Information
Markt 1, Tel.: 03 73 67 / 3 33 66
www.lengefeld.de

▶ *Historisches Stadttor in Marienberg.*

▶ POBERSHAU
2.000 Einwohner

Zwar gehört das Dorf seit seiner Eingemeindung 2012 auch zur der Großen Kreisstadt Marienberg, doch muss es ausnahmsweise einzeln erwähnt werden. Denn so klein das Dorf ist, so viel hat es touristisch zu bieten. Das beginnt für die ganze Familie in der Böttcherfabrik. In dem Gebäudekomplex einer ehemaligen Holzwarenfabrik entstand in den 90er-Jahren ein attraktives Ausstellungszentrum. Es gibt viel zu entdecken: so zum Beispiel eine original Werkzeugbau-Werkstatt, eine historische Druckerei, eine Landwirtschaftsausstellung, eine Galerie des einheimischen Malers Max Christoph und nicht zuletzt ein Puppenmuseum mit mehr als 2.500 Puppen (RS Dorfstraße 112, Tel.: 0 37 35 / 66 01 62, www.pobershau.de Di bis So 13 – 17 Uhr, Kombikarte Erw. 5 €, Ki. 2,50 €).

Eine Schnitzausstellung erwartet die Gäste in Die Hütte. Gezeigt wird das Lebenswerk des Pobershauer Schnitzers Gottfried Reichel. Er erzählt u. a. mit mehr als 300 Figuren die Geschichte der Bibel. (Rathausstraße 10, Tel.: 0 37 35 / 6 25 27, www.pobershau.de, Di bis So 12 – 17 Uhr, Erw. 2,50 €, Ki. 1 €).

Die 45-minütige Führung durch das Schaubergwerk Molchner Stolln entführt zu einer Zeitreise durch 500 Jahre Bergbaugeschichte. Bemerkenswertestes Schaustück ist das Kunstgezeug im Reichelschacht, eine Wasserhebetechnik aus dem 16. Jahrhundert (AS Dorfstraße 67, Tel.: 0 37 33 / 6 25 22, www.molchner-stolln.de, tgl. 9 – 16 Uhr, Erw. 5 €, Kinder 3 €).

ESSEN & TRINKEN
✗ *Volkstümlich*
Bergschänke zum Katzenstein
Katzensteinweg 2
Tel.: 0 37 35 / 66 97 83
www.bergschaenke-pobershau.de
Gemütliches Gasthaus mit guter Hausmannskost zu bodenständigen Preisen. Mi bis Fr ab 12, Sa/So ab 11 Uhr.

MIT KINDERN UNTERWEGS
Im Feriendorf Schwarzwassertal ist eine Lamaherde Zuhause.
Lama-Ranch Pobershau.
www.lama-ranch.de

SERVICEINFOS
Gästebüro Pobershau
RS Dorfstraße 68
Tel.: 0 37 35 / 2 34 36
www.pobershau.de
Mo bis Fr 9.30 – 12.30, 13 – 16.30 Uhr.

▶ GROSSRÜCKERSWALDE
3.500 Einwohner

Das Territorium der Gemeinde reicht vom wildromantischen Schindelbachtal bis auf den rauen Höhenrücken in Richtung Marienberg. Neben dem Ortsteil Streckewalde gehört auch Mauersberg dazu. Blickfang in der Ortsmitte ist die Wehrgangkirche, die zu den schönsten ihrer Art zählt und in Mauersberg gleich noch ein kleines Pendant besitzt. Das Mauersberger Museum ist ein Touristenmagnet. Dabei hat der Name weniger etwas mit dem Ortsnamen zu tun, sondern mit den Gebrüdern Mauersberger. Es verwaltet den Nachlass der berühmten sächsischen Kirchenmusiker, die als Kreuzkantor in Dresden (Rudolf Mauersberger) bzw. als Thomaskantor (Erhard Mauersberger) in Leipzig wirkten und die Entwicklung der beiden traditionsreichen Knabenchöre maßgeblich prägten. Die Brüder waren zeitlebens ihrem kleinen erzgebirgischen Heimatort eng verbunden (OT Mauersberg, Hauptstr. 22, Tel.: 0 37 35 / 9 08 88, www.mauersberg.net, Di bis So 10 – 17 Uhr, Erw. 2 €, Ki. 1,50 €).

ESSEN & TRINKEN
✗ *Schlemmen*
Landgasthof Wemmer
Marienberger Straße 171
Tel.: 0 37 35 / 6 60 80
www.landgasthof-wemmer.de
Modern und trotzdem gemütlich. Hier fühlt man sich bei ausgezeichneter Küche wohl. Tgl. ab 11 Uhr.

SERVICEINFO
Fremdenverkehrsamt
OT Mauersberg, Hauptstraße 22
Museum, Tel.: 0 37 35 / 9 08 88
www.grossrueckerswalde.de

UNTERWEGS IM ERZGEBIRGE

Der Westen
Landwirtschaft und Industrie

Während im Osten hauptsächlich kleinere, ursprünglich landwirtschaftlich geprägte Dörfer dominieren, sind es im Westerzgebirge traditionell eher Industriegemeinden, die das Bild prägten und prägen. So ist die Region deutlich dichter besiedelt, und die Kommunen haben beträchtlich mehr Einwohner. Das tut dem touristischen Angebot aber keinen Abbruch.

► AUE

16.800 Einwohner

Aue ist eine von Industrie geprägte Stadt. Überregionale Bekanntheit erhielt sie durch den traditionsreichen Fußballklub FC Erzgebirge Aue, der zurzeit in der 2. Bundesliga spielt. Was man kaum vermutet: Aue gehört zu den wärmsten Orten in Sachsen. Dafür sorgt die Lage in einem Talkessel am Zusammenfluss von Schwarzwasser

WURZELRUDIS ERLEBNISWELT / SKIARENA EIBENSTOCK

 Die Mischung macht's: 1.000 m Allwetterbobbahn, Reifenrutsche, immergrünes Labyrinth mit Kletterwelt, Burgspielplatz, Biergarten mit Imbissversorgung. Im Winter zusätzlich Lifte, Skiverleih und Rodelberg.

Wurzelrudis Erlebniswelt /
Skiarena Eibenstock
Lohgasse 1 (für Navi)
08309 Eibenstock
Tel.: 01 72 / 7 53 69 70
www.bobbahn-eibenstock.de

DER WESTEN IV

und Zwickauer Mulde. Nicht zu übersehen und auch sehenswert sind die St.-Nicolai-Kirche und die Friedenskirche. Auf Orts- und Bergbaugeschichte trifft man im Stadtmuseum. Untergebracht in einem ehemaligen Huthaus, zeigt es bergmännische und bäuerliche Wohnkultur sowie Sachzeugen zur historischen Entwicklung der Stadt Aue und ebenfalls zur lokalen Bergbaugeschichte (Bergfreiheit 1, Tel.: 0 37 71 /2 36 54, www.aue.de, Di bis Sa 10 – 18, So 13 – 18 Uhr, Erw. 2 €, Kinder 0,50 €).

ESSEN & TRINKEN

✗ *Tierisch*

„Einkehr am Tiergarten"
Damaschkestraße 1
Tel.: 0 37 71 / 72 15 00
www.einkehr-aue.de
Moderne Gaststätte mit gutbürgerlicher Küche direkt am Zoo der Minis gelegen. Tgl. 11 – 21 Uhr.

✗ *Waldnah*

Gaststätte Waldfrieden
OT Neudörfel,
Ricarda-Huch-Straße 103
Tel.: 0 37 71 / 2 20 02
www.waldfrieden-aue.de
Deftige Hausmannskost und ausgewählte Wild- und Fischgerichte in gemütlicher Atmosphäre. Mo bis Fr 17 – 21, Mi bis Fr 11 – 14, Sa ab 11, So 11 – 20 Uhr.

MIT KINDERN UNTERWEGS

zoo der minis
Damaschkestraße 1
Tel.: 0 37 71 / 2 37 73
www.zooderminis.de
tgl. 9 – 18, Winter- und Übergangszeit nur bis 16 bzw. 17 Uhr, Erw. 3 €, Kinder 1 €.
Schon seit mehreren Jahren spezialisiert sich der Auer Tiergarten auf Minis aus der Tierwelt. So gibt es in den Gehegen zum Beispiel Zwergziegen, Minischweine, Zwergesel und Zwergmangusten zu sehen.

SERVICEINFO

Stadtinformation Aue
Goethestraße 5, Rathaus
Tel.: 0 37 71 / 28 11 25
www.aue.de
Mo bis Do 9 – 18, Fr 9 – 15 Uhr.

▶ EIBENSTOCK

7.800 Einwohner

Die Stadt Eibenstock kann auf eine mehr als 850-jährige Geschichte zurückblicken. Ihre landschaftlich schöne Lage auf einer Hochfläche zieht jährlich immer mehr Touristen an. Die in den vergangenen Jahren stetig verbesserte touristische Infrastruktur trägt dazu sicherlich ihren Teil bei. In der Stadt selbst fallen das Rathaus, das ehemalige Königliche Amtsgericht und die Stadtkirche auf. Besonders für Kinder interessant ist der Märchenpark am Marktplatz. Anziehungspunkte in der Umgebung gibt es reichlich. So der 1018 m ü. NN hohe Auersberg, der größte Wasserfall Sachsens in Blauenthal sowie Talsperren in Eibenstock und Carlsfeld.

IV UNTERWEGS IM ERZGEBIRGE

WEIHNACHTSAUSSTELLUNG 🎄TIPP

Ganzjährig Weihnachten ist in der Weihnachtsbergausstellung von Familie Eitler, OT Niederschlema, Tel.: 0 37 72 / 28 12 04. Der 5 m lange, vollmechanische Weihnachtsberg kann das ganze Jahr über nach Voranmeldung besucht werden. Erw. 1,50 €, Kinder 0,80 €.

ESSEN & TRINKEN

Schiebböcker
Pension und Gaststätte „Am Frölichgut"
Frölichweg 18
Tel.: 03 77 52 / 6 60 44
www.am-froelichgut.de
Erzgebirgische Gemütlichkeit je nach Jahreszeit am Kachelofen oder auf der Sonnenterrasse und das mit selbst gemachten Schiebböckern. Di ab 18 Uhr, Mo bis Fr 11.30 – 14, ab 18, Sa/So ab 11.30 Uhr.

SPORT & FREIZEIT
Badegärten Eibenstock
Am Bühl 3
Tel.: 03 77 52 / 5 07
www.badegaerten.de
So bis Do 10 – 22, Fr/Sa 10 – 23 Uhr, Tageskarte Erw. 11 €, Ki. 8 €, inkl. Saunas Erw. 24, Ki. 21 €. Einzigartiges Bade- und Saunaparadies. Whirlpool, Riesenrutsche, Kinderbecken und sogar ein richtiges 25-m-Sportbecken, dazu 14 verschiedene Saunawelten.

MIT KINDERN UNTERWEGS
WurzelRudis ErlebnisWelt

GASTHAUS UND PENSION TALSPERRE — MEIN GASTRO-TIPP

- zwei getrennte Gasträume mit 25/45 Plätzen
- hier können Sie das bekannte XXL-Talsperrenschnitzel genießen
- überdachter, beheizbarer Biergarten
- Terrasse, Kinderspielplatz
- Parkplatz direkt am Haus, auch Busse
- Orts-/Waldrand – Panoramablick auf Carlsfeld
- Kammweg/Kammloipe direkt am Haus
- Talsperre mit begehbarer Staumauer

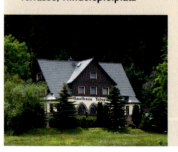

Gasthaus Talsperre
08309 Eibenstock OT Carlsfeld
Tel.: 03 77 52 / 34 60
Fax: 03 77 52 / 5 54 30
info@gasthaus-talsperre.de
www.gasthaus-talsperre.de
Öffnungszeiten:
Mittwoch bis Montag ab 11.00 Uhr

DER WESTEN IV

HOTEL ZUM KRANICHSEE

Das 3-Sterne Hotel bietet Zimmer und FeWos in zwei Häusern.

Hotel Zum Kranichsee GmbH
Frühbusser Straße 15
08309 Eibenstock
OT Weitersglashütte
Tel.: 03 77 52 / 67 87-0
anfrage@hotel-kranichsee.de
www.hotel-kranichsee.de

Bergstraße 7
Tel.: 01 72 / 7 53 69 70
www.skiarena-eibenstock.de
tgl. 10 – 18 Uhr, Bobfahrt 2,30 €.
Dort wo im Winter die Skihasen den Hang hinunterwedeln, laden im Sommer zahlreiche Aktivitäten ein. Da gibt es eine Allwetter-Bobbahn, eine Reifenrutsche, einen Haustierzoo, einen Irrgarten und vieles mehr.

SERVICEINFOS
Tourist-Service-Center
Dr.-Leidholdt-Str. 2
Tel.: 03 77 52 / 22 44
www.eibenstock.de

▶ BAD SCHLEMA
4.900 Einwohner

Das Radon Fluch und Segen zugleich sein kann, ist im Kurbad Schlema ein alltägliches Problem. Manche Einwohner kämpfen mit dem Radongas, das aus natürlichen Quellen in ihre Häuser dringt, während ungezählte Kurgäste aus nah und fern auf radonhaltige Wasser schwören. Immerhin ist dessen medizinische Wirksamkeit auch wissenschaftlich belegt. Diese natürlichen Voraussetzungen waren ein wichtiger Ausgangspunkt für die sowjetischen Besatzer und später für die SADAG Wismut, gerade hier in großem Umfang den Uranbergbau zu forcieren. Interessante Sachzeugen aus diesen wilden Jahren zeigt das Museum Uranbergbau im Kulturhaus Aktivist (Bergstraße 22, Tel.: 0 37 71 / 29 02 23, www.uranerzbergbau.de, Di bis Fr 9 – 17 Sa/So 10 – 17 Uhr, Erw. 3 €, Kinder 1,50 €).
Etwas weiter zurück in die Zeit des historischen Altbergbaus entführt eine Stippvisite im Besucherbergwerk Markus Semmler. Mit einer Seilfahranlage geht es 50 m in die Tiefe auf den Spuren des legendären Wasserkunststollens Markus Semmler (Brünlasberg 24, 08280 Aue, Tel.: 0 37 71 / 21 22 23, www.besucherbergwerke -westerzgebirge.de, Führungen nach Voranmeldung Sa/So 10/15 Uhr, Erw. 13 €, Kinder 5 €).

ESSEN & TRINKEN
Traditionsreich
**Hotel-Restaurant
„Haus Schlematal"**

IV UNTERWEGS IM ERZGEBIRGE

Hauptstraße 48
Tel.: 0 37 72 / 39 53 00
www.haus-schlematal.de
3-Sterne-Service im renovierten Traditionshaus.Tgl. ab 11 Uhr.

SERVICEINFO
Gästeinformation
Richard-Friedrich-Str. 18
Tel.: 0 37 72 / 38 04 50
www.kurort-schlema.de

▶ SCHNEEBERG
14.400 Einwohner

Die Stadt gehört zu den bekanntesten Bergstädten des Erzgebirges. Der Grund dafür war der sehr ertragsreiche Silberbergbau, der Ende des 15. Jahrhunderts begann und über Jahrhunderte das Antlitz der Stadt prägte. Stolz trägt sie den Beinamen „Barockstadt des Erzgebirges". Zu verdanken hat sie den barocken Glanz einem verheerenden Stadtbrand im Jahr 1719, dem die gesamte Innenstadt zum Opfer fiel. Der schnelle Wiederaufbau – das Geld aus Bergbau und Handel machten ihn möglich – fiel in die Zeit von Hoch- und Spätbarock. Das stolze Rathaus und zahlreiche Bürgerhäuser zeugen vom Wohlstand, den der Bergbau der Stadt brachte. Mächtiges Wahrzeichen ist die auf der höchsten Stelle des Stadtberges errichtete St.-Wolfgangs-Kirche. Der sogenannte „Bergmannsdom" wurde 1516 – 1540 errichtet und vom Feuer des großen Stadtbrandes verschont. Prunkstück der Kirche ist

STRANDBAD FILZTEICH – ÄLTESTE TALSPERRE SACHSENS IN SCHNEEBERG

- **Großwasserrutsche (85 Meter)**
- **Kinderrutsche • Sprungturm**
- **Wassertreter und Ruderboote**
- **Tischtennisplatten und Hängeseilbahn**
- **Kinderspielplätze**
- **Strandkörbe, Liegen, Liegestühle zum Ausleihen**
- **FKK-Strand**
- **Freiluftgaststätten und Imbissversorgung**
- **Viele Veranstaltungen während der Badesaison wie z. B. Anbaden, Filzteichfest, OldieParty, Drachenbootrennen, Disko- und Sportveranstaltungen**

Strandbad Filzteich
Tel.: 0 37 72 / 2 24 60
www.silberstrom.de
Öffnungszeiten:
1. Mai – 31. Mai 8 – 18 Uhr
1. Juni – 31. August 8 – 20 Uhr
1. September – 15. September
8 – 18 Uhr

DER WESTEN IV

der Reformationsaltar der Malerfamilie Cranach. Bergmännisches prägt natürlich das wichtigste Museum der Stadt. Im Museum für bergmännische Volkskunst wird den Besuchern auf mehr als 700 qm Ausstellungsfläche ein breiter Einblick in die Schnitzkunst im westlichen Erzgebirge geboten. Es gibt eine große Sammlung von Pyramiden und mechanischen Heimat- und Weihnachtsbergen sowie mechanisch angetriebene Modelle des Alt- und Wismutbergbaus (Obere Zobelgasse 1, Tel.: 0 37 72 / 2 24,

Lichtelfest !TIPP

Immer am 2. Adventssonntag lädt das Lichtelfest ein. Noch mehr als sonst schon stehen an diesem Tag die erzgebirgischen Weihnachtstraditionen im Mittelpunkt. Höhepunkt ist eine große Bergparade.

www.schneeberg.de, Do bis So, Sa/So 9.30 – 17, Fr 13 – 17 Uhr, Erw. 3 €, Kinder 2 €).
Weithin sichtbar ist das denkmalgeschützte Hut- und Treibhaus des Besucherbergwerks Kunst & Treibschacht der Fundgrube Weißer

▶ *Rathaus in Schneeberg.*

IV UNTERWEGS IM ERZGEBIRGE

Hirsch. Leider werden Führungen dort nur an einzelnen Tagen im Jahr angeboten (Kobaltstraße 42, www.bergbauverein-weisser-hirsch.de, Erw. 8 €, Kinder 5 €).

ESSEN & TRINKEN
✕ *Zentral*
Ratskeller Schneeberg
Markt 1, Tel.: 0 37 72 / 2 24 84
www.ratskeller-schneeberg.de
Gutbürgerliche Küche mit Anspruch und einer sehr breit gefächerten Speisekarte. Tgl. ab 11 Uhr.

SERVICEINFO
Tourstinformation
Markt 1, Tel.: 0 37 72 / 2 03 14
www.schneeberg.de

▶ SCHÖNHEIDE
4.800 Einwohner

Neben den landschaftlichen Reizen, die die Region rund um den Kuhberg bietet, hat sich in Schönheide, wo das Erzgebirge langsam ins Vogtland übergeht, ein ganz besonderes Handwerk angesiedelt: Schönheide ist die Heimat des Bürstenmanns. Bereits 1823 begannen die ersten Dörfler, sich mit der Herstellung von Bürsten einen kargen Zuverdienst zu schaffen. Bereits 30 Jahre später war das Bürstenmacherhandwerk der wichtigste Industriezweig im Ort, was bis in die 90er-Jahre des vorigen Jahrhunderts so blieb. Bis heute wird die Tradition des Bürstenmachens hochgehalten. Davon kann man sich im Bürsten- und Heimatmuseum überzeugen. In der alten Pfarre hat es seine Heimstatt gefunden. Es steht ganz im Zeichen der Bürstenmacher (Hauptstraße 43, Tel.: 03 77 55 / 6 66 38, www.gemeinde-schoenheide.de, So 13 – 18 Uhr, Erw. 2 €, Kinder frei).

ESSEN & TRINKEN
⇌✕ *Regionales*
Landhotel zur Post
Hauptstraße 101
Tel.: 03 77 55 / 51 30
www.hotel-zur-post-schoenheide.de
In dem zentral gelegenen Haus steht die regionale Küche im Mittelpunkt. Viel Wert legt man auf frische Zutaten aus der näheren Umgebung. Mi bis So ab 11 Uhr.

SERVICEINFO
Gebietsgemeinschaft „Rund um den Kuhberg" e.V.
Hauptstraße 43
Tel.: 03 77 55 / 5 16 23
www.gemeinde-schoenheide.de.

▶ STOLLBERG
11.200 Einwohner

Die Stadt sitzt so ein bisschen zwischen den Stühlen. Noch nicht richtig Erzgebirge, kein Vorland – und auch von den nicht weit entfernten Industriezentren Chemnitz und Zwickau unterscheidet sie sich. Dabei kann die große Kreisstadt durchaus auf einige neue Industrieansiedelungen verweisen. Historisch sind nur das Rathaus, das alte Amtsgericht und natürlich die im frühen 15. Jahrhundert errichtete St.-Jakobi-Kirche. An ein trauriges Kapitel der jüngeren

Vergangenheit erinnert das Schloss Hoheneck. Zwar wurde es bereits 1244 erstmals erwähnt, doch traurige Berühmtheit erlangte es erst viel später. Nach einigen Um- und Ausbauten wurde es ab 1862 als Zuchthaus bzw. Justizvollzugsanstalt genutzt. Mit Beginn der Weimarer Republik bis 1989 saßen hier nicht nur Kriminelle, sondern in immer größerer Zahl auch politische Häftlinge ein. Die Frauen wurden unter teils unmenschlichen Bedingungen inhaftiert (Schloss Hoheneck, Tel.: 03 71 / 48 18 33 80, www.hoheneck.com, Führungen auf Anfrage, Erw. 10 €, Kinder 5 €).
In der Stadtbibliothek erinnert eine Ausstellung an Frauen als politische Gefangene in Hoheneck (Schillerplatz 2, Tel.: 03 72 96 / 22 37, www.stollberg-erzgebirge.de, Mo 10 – 12, 14 – 17, Di 14 – 18, Mi/Fr 10 – 12, Do 12 – 18, Sa 9 – 12 Uhr).

ESSEN & TRINKEN

Wanderbar

Gaststätte und Pension „Hasenbude"
Grüner Winkel 15
Tel.: 03 72 96 / 8 39 71
www.hasenbude-stollberg.de
Gemütliche kleine Gaststätte mit klassischer Hausmannskost. Idealer Ausgangs- und Endpunkt für Wanderer. Mi/Do 15 – 22, Fr 15 – 23, Sa 11 – 24, So 11 – 21 Uhr.

SERVICEINFO

Bürgerservice
Hauptmarkt 1
Tel.: 03 72 96 / 2 40
www.stollberg-erzgebirge.de.

▶ OELSNITZ/ERZG.

11.200 Einwohner

Bei Oelsnitz sollte man auf den Zusatz Erzg. achten. Nur ein paar dutzend Kilometer weiter südlich gibt es ein gleichnamiges Städtchen mit dem Namenszusatz Vogtl. Durch das Lugau-Oelsnitzer Kohlerevier hat sich die Stadt einen überregionalen Namen gemacht. Von 1844 bis 1971 wurde hier das Schwarze Gold aus der Erde geholt. Die Blüte des Kohlebergbaus sorgte auch für ein großes Bevölkerungswachstum. In der Hochzeit lebten in der Stadt 20.000 Menschen. Mit der Beendigung des Kohlebergbaus zog Ruhe ein in Oelsnitz und die umgebenden Gemeinden.
Der fast 56 m hohe Förderturm des früheren Kaiserin-Augusta-Schachtes, der in Karl-Liebknecht-Schacht umbenannt wurde, ist als Wahrzeichen der Stadt schon von Weitem sichtbar. Er ist damit ein perfekter Wegweiser für die Besucher des Bergbaumuseums Oelsnitz/Erzgebirge. Die bedeutende Industriearchitektur konnte vor dem Abriss bewahrt werden. Im Juli 1986 öffnete das Bergbaumuseum seine Pforten. Die Ausstellungsbereiche werden ergänzt durch ein originalgetreu nachgebautes Anschauungsbergwerk und die Befahrung des Förderturms inklusive Panoramablick über das frühere Lugau-Oelsnitzer Revier (Pflocken-

IV UNTERWEGS IM ERZGEBIRGE

ERLEBNISFAHRT

Ein besonderes Erlebnis für Eisenbahnfans ist die Fahrt mit der Erzgebirgischen Aussichtsbahn. Sechs Wochenenden im Jahr stehen ganz im Zeichen der kleinen Triebwagen, die die Gleise auf der malerischen Strecke zwischen Schwarzenberg und Annaberg-Buchholz in Anspruch nehmen. Dabei geht es auch über das Markersbacher Viadukt. Der Regelbetrieb auf dieser Strecke wurde leider bereits vor vielen Jahren eingestellt.
Karten und Informationen zur EAB gibt es unter anderem bei der Schwarzenberg-Information (Tel.: 0 37 74 / 2 25 40).

Führungen 11, 13.30 und 16 Uhr. Erw. 6 €, Kinder 3,50 €).

ESSEN & TRINKEN

✕ *Runder Tisch*
Gasthof „Zum Brunnen"
Bahnhofstraße 4
Tel.: 03 72 98 / 26 31
www.zumbrunnen-oelsnitz.de
Schmackhaftes auf dem Teller und das in einem der ältesten Gebäude der Stadt, auch am Tisch rund um den Brunnen. Tgl. ab 11 Uhr, Do Ruhetag.

SERVICEINFO

Stadtverwaltung Oelsnitz
Rathausplatz 1
Tel.: 0 37 29 78 / 3 80
www.oelsnitz-erzgebirge.de.

straße, Tel.: 03 72 98 / 93 94-0, www.bergbaumuseum-oelsnitz.de, Di bis So 10 – 17 Uhr.

BERGBAUMUSEUM OELSNITZ/ERZGEBIRGE

Schon von weitem ist der Förderturm des ehemaligen Steinkohlenwerkes Oelsnitz zu sehen. Bis 1971 wurden hier die „schwarzen Diamanten" des Erzgebirges gefördert. Heute ist es Museum und Anschauungsbergwerk. Besucher wandeln auf den Spuren der Kohlekumpel und tauchen ein in eine faszinierende Bergbauwelt. Weitere Höhepunkte sind ein begehbarer Karbonwald, nachgebildet anhand fossiler Funde und das Herzstück des Museums – Sachsens größte erhaltene Dampfmaschine mit 1800 PS.

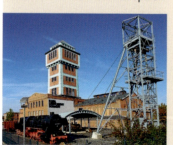

Bergbaumuseum Oelsnitz/Erzgebirge
Pflockenstraße
09376 Oelsnitz/Erzg.
Tel.: 03 72 98 / 93 94-0
info@bergbaumuseum-oelsnitz.de
www.bergbaumuseum-oelsnitz.de
Öffnungszeiten:
Dienstag bis Sonntag: 10 bis 17 Uhr

DER WESTEN IV

▶ LICHTENSTEIN

12.100 Einwohner

Ist die kleine Stadt nun Erzgebirge oder nicht? Fakt ist, die Museumslandschaft in Lichtenstein ist größer und vielfältiger als in mancher Großstadt. Deshalb soll es hier einen Platz bekommen. Wer nicht damit rechnet, kommt aus dem Staunen kaum heraus. Das beginnt beim Ersten Sächsischen Kaffeekannenmuseum im Gasthaus Zur Krone (Tel.: 03 72 04 / 8 76 92), führt über die Motorradausstellung „Die schnellsten Zweitakter der Welt" (Tel.: 03 72 04 / 25 61) und das Stadtmuseum (Tel.: 03 72 04 / 8 64 55) bis hin zu Miniwelt, Minikosmos sowie dem Puppen- und Spielzeugmuseum (Tel.: 03 72 04 / 8 33 83).

Dazu kommt, sogar mit internationaler Bedeutung, das Daetz-Centrum. Es gilt als erstes Kompetenz- und Bildungszentrum für internationale Holzbildhauerkunst. Die Dauerausstellung „Meisterwerke in Holz" wird regelmäßig durch Sonderschauen ergänzt. Im Schlosspalais Lichtenstein zeigt sie eine einzigartige Sammlung mit 550 Exponaten der Holzschnitzkunst von fünf Kontinenten (Schlossallee 2, Tel.: 03 72 04 / 58 58 58, www.daetz-centrum.de, tgl. 10 – 18 Uhr, Erw. 8 €, Kinder 5 €).

ZWICKAU

Von Lichtenstein nach Zwickau ist es nur noch ein Katzensprung. Ein Abstecher, den man sich leisten sollte und der, nimmt man die Sache ernst, durchaus mehrere Tage dauern kann. Als Robert-Schumann-Stadt oder auch Automobilstadt ist das westsächsische Industriezentrum, das bereits 1118 als „Zcwickaw" erwähnt wurde, ein Ziel für die ganze Familie. Neben der sehenswerten Altstadt mit dem Hauptmarkt, dem Robert-Schumann-Haus, dem Dom St. Marien und den Priesterhäusern, sind es Architektur-Highlights aus Jugendstil und Gründerzeit, für die man sich Zeit nehmen sollte. So das neugotische Johannisbad und das in der Region legendäre Konzert- und Ballhaus Neue Welt.

Als Autohauptstadt Sachsens hat sich Zwickau über Jahrzehnte einen guten Ruf weit über die Stadtgrenze hinaus aufgebaut. Das begann mit August Horch, führte über den legendären Trabant bis zum heutigen VW Werk in Mosel, in dem jährlich über 300.000 VW die Werkhallen verlassen. Aufbauend darauf ist das August-Horch-Museum ein Muss für jeden Auto-Freak. In der Exposition werden mehr als 100 Jahre Zwickauer Automobilgeschichte lebendig. Der Bogen spannt sich von den legendären Luxuslimousinen des August Horch über DKW und Trabant zur modernen Produktionspalette von VW (Audistraße 7, Tel.: 03 75 / 27 17 38 12, www.horch-museum.de, Di – So 9.30 – 17 Uhr, Erw. 5 €, Kinder 3,50 €).

ESSEN & TRINKEN

Alteingesessen

Gaststätte und Pension „Stadt Dresden"
Lößnitzer Straße 32
Tel.: 03 72 04 / 2 62
www.pension-stadt-dresden.de
In zwei gemütlichen Gaststuben wird eine gut bürgerliche Küche

IV UNTERWEGS IM ERZGEBIRGE

MÖRDERISCHES DINNER

Bei einem 3-Gänge-Menü gemütlich einen Kriminalfall lösen? Im Hotel Parkschlösschen finden regelmäßig Mörderische Dinner statt, in denen der Gast zum Täter, Zeugen oder Ermittler werden kann.

serviert, in der auch Fisch- und Wildgerichte einen festen Platz haben.
Mo/Di/Do/Fr/Sa 11 – 14, ab 17 Uhr, So 11 – 14 Uhr.

MIT KINDERN UNTERWEGS

In 90 Minuten um die Welt? Die Miniwelt macht es möglich. In dem Landschaftspark zeigen weit mehr als 100 Modelle einige der schönsten Bauwerke unseres Planeten. Darunter auch die sieben Weltwunder der Antike, von denen heute ja leider nur noch die Cheopspyramide im Original zu besichtigen ist. Ergänzt wird die Freiluftausstellung durch den Minikosmos, in dem ein hochmodernes Zeiss-Planetarium zu Reisen ins Universum einlädt (Chemnitzer Straße 43, Tel.: 03 72 04 / 7 22 55, www.miniwelt.de, www.minikosmos-lichtenstein.de). Die Miniwelt ist vom 31. März bis zum 31. Oktober tgl. 9 – 18 Uhr geöffnet, Erw. 9,50 €, Kinder 7,50 €. Der Minikosmos ist ganzjährig geöffnet tgl. von 9.30 bis 17.30 Uhr (letzter Vorstellungsbeginn). Erw. 6 €, Kinder 5 €.

SCHWARZENBERG – DIE PERLE DES ERZGEBIRGES

Die Große Kreisstadt Schwarzenberg trägt bereits seit über hundert Jahren den Beinamen „Perle des Erzgebirges". Begründet ist dies in der gelungenen Mischung aus erzgebirgischer Kleinstadt mit viel Flair und der abwechslungsreichen Mittelgebirgslandschaft um die Stadt. Malerisch erheben sich Schloss Schwarzenberg mit dem gleichnamigen Museum und die St. Georgenkirche (siehe Foto) auf dem schwarzen Berg über dem Flusslauf des Schwarzwassers. Unweit befindet sich auch das Glockenspiel Meißener Porzellan, das mit seinen Klängen in die denkmalgeschützte Altstadt lockt. Das Eisenbahnmuseum Schwarzenberg und das Besucherbergwerk Zinnkammern in Pöhla sollte man hier unbedingt gesehen haben.

Schwarzenberg-Information
Oberes Tor 5
08340 Schwarzenberg
touristinformation@schwarzenberg.de
www.schwarzenberg.de

DER WESTEN IV

SERVICEINFO
Tourist-Information Lichtenstein
Ernst-Thälmann-Straße 29
Tel.: 03 72 04 / 83 34
www.lichtenstein-sachsen.de

▶ SCHWARZENBERG

17.500 Einwohner

Es gibt keinen Zweifel, Schwarzenberg gehört zu den schönsten Städten entlang der Silberstraße von Freiberg bis Schneeberg. Oberhalb des Tals gelegen, ist es die Altstadt, die manches Foto und natürlich einen Bummel wert ist. Es gibt sogar einen Schrägaufzug, der den Weg auf den Berg verkürzt. Das Schloss, die St.-Georgen-Kirche, der Schlosstunnel und der Ratskeller gehören zu den Orten, die man gesehen haben sollte.

Urkundlich erwähnt wurde die Stadt unter dem Namen Schwartzenbergk erstmal 1282, den Titel Bergstadt mit all seinen Privilegien erhielt sie 1587.

Überregional bekannt wurde sie durch den Roman „Schwarzenberg" von Stefan Heym. Er setzt darin künstlerisch ein Ereignis um, das bis heute zum Kopfschütteln verleitet. Durch Abstimmungsprobleme zwischen russischen und amerikanischen Truppen kam es in Schwarzenberg zu einem wochenlangen Machtvakuum. So blieb die Stadt vom Kriegsende bis zum 25. Juni unbesetzt. Beherzte Bürger übernahmen die Verwaltung. Es entstand der Mythos von der Freien Republik Schwarzenberg. Zu

▶ *Schloss Schwarzenberg.*

UNTERWEGS IM ERZGEBIRGE

▶ *Blick auf Schwarzenberg.*

den Anziehungspunkten der Stadt gehört das Eisenbahnmuseum. Ein umfangreicher Wagenpark mit vielen Sachzeugen der sächsischen Eisenbahngeschichte ist zu sehen, außerdem verschiedene Dampf- und Diesellokomotiven (Schneeberger Str. 60, Tel.: 0 15 77 / 6 49 73 43, www.vse-eisenbahn-museum-schwarzenberg.de, Mo bis Fr 10 – 14, Sa/So 10 – 16, Nov. bis März Sa/So 10 – 14 Uhr, Erw. 3 €, Kinder 1,50 €).
Der Bergbaugeschichte widmen sich gleich zwei Ziele. Die Fundgrube und Erbstolln Morgenstern im Luchsbachtal zeigt einen handgeschlägelten Stollen aus dem 15. Jahrhundert und ein Huthaus. Gleichzeitig ist das Tal ein beliebtes Naherholungsziel für die Schwarzenberger (Karlsbader Straße 30, Tel.. 0 37 74 / 2 99 94, www.luchsbachtal.de, Mo bis Fr 11.30 – 15.30, Sa 10 – 16, So 13 – 17 Uhr).
In den Zinnkammern im Besucherbergwerk Pöhla ist es der Uranbergbau der Wismut in der zweiten Hälfte des vorigen Jahrhunderts, der im Mittelpunkt der Führung steht. Mit einer Grubenbahn geht es etwa 3 km in den Berg hinein (OT Pöhla, Luchsbachtal 12, Tel.: 0 37 74 / 8 10 78, www.zinnkammern.de, Führungen tgl. 10 und 14 Uhr. Erw. 14 €, Kinder 10 €).

ESSEN & TRINKEN
✗ *Schlossblick*
Restaurant „Am Kraussturm"
Klempnerweg 13
Tel.: 0 37 74 / 2 57 08
www.parkhotel-schwarzenberg.de
Das gepflegte Restaurant am Parkhotel verfügt nicht nur über eine gute Küche, sondern gleichzeitig bietet es einen fantastischen Blick auf Schloss und Altstadt. Mo bis Fr 17 – 22 Uhr, Sa 11.30 – 23 Uhr, So 11.30 – 22 Uhr.

✗ *Erzgebirgisch*
Landgasthof Vugelbeerschänke
OT Pöhla, Hauptstraße 32
Tel.: 0 37 74 / 8 60 12
www.vugelbeerschaenk.de
Leckere Hausmannskost, bei der natürlich Spezialitäten der Region nicht zu kurz kommen (Di bis Fr

DER WESTEN IV

17 – 23, Sa 11 – 24 Uhr, So 11 – 21 Uhr).

ABENDGESTALTUNG
Disko total
Nightfly
Neustädter Ring
Tel.: 0 37 74 / 17 46 41
www.nightfly-club.de
Angesagte Disco, mehr als man in der "Provinz" erwarten würde.

SERVICEINFO
Schwarzenberg-Information
Oberes Tor
Tel.: 0 37 74 / 2 25 40
www.schwarzenberg.de

▶ ZWÖNITZ
10.900 Einwohner

Es mag Leute geben, die die Zwönitzer für kopflos halten. Verständlich, trägt das große Reiterstandbild oberhalb der Stadt auch keinen Kopf. Doch ist der gute Reiter natürlich nur eine Sagengestalt, und auch die Sage von den kopflosen Zwönitzern stimmt nicht. Stimmig ist aber, dass es in Zwönitz mehr Nachtwächter gibt als anderswo, und darauf sind die Bürger stolz. Regelmäßig schallt es durch die Straßen und Gassen: „Hört Ihr Leute lasst Euch sagen …"
Die sprichwörtliche Gastfreundlichkeit der Bewohner, die Vielfalt kulinarischer Angebote und die liebevolle Pflege erzgebirgischer Traditionen – dieser Dreiklang dürfte maßgeblich dafür verantwortlich sein, dass Zwönitz zu einem besonders beliebten touristischen Ziel im Erzgebirge geworden ist. Übrigens schmückt sich die Stadt mit dem Titel „Pferdefreundliche Gemeinde". Man sieht, auch Vierbeiner fühlen sich hier pudelwohl.
Die wird man natürlich kaum in einem der Museen der Stadt treffen. Anders die Zweibeiner aus nah und fern. Ein relativ unbekanntes Kleinod ist die Raritätensammlung Bruno Gebhardt. Der 1894 in Kühnhaide geborene Bauernsohn war ein leidenschaftlicher Sammler. Seine einmalige Sammlung umfasst 60 Fachgebiete und ist Millionen wert. Das reicht von Numismatik und Philatelie bis hin zu mechanischen Musikinstrumenten und Uhren (Rathausstraße 14, Tel.: 03 77 54 / 2323, www.zwoenitz.de, Mi bis Fr 10 – 12 Uhr, 13 – 17 Uhr, Sa/So 13 – 17 Uhr. Erw. 3 €, Kinder 1,50 €).
Die Papiermühle Niederzwönitz ist etwa 450 Jahre alt. Bis Mitte des 19. Jahrhunderts wurde hier handgeschöpftes Büttenpapier hergestellt. Später waren es Hart- und Graupappen, die den Betrieb verließen. Im restaurierten Fachwerksgebäude befindet sich heute eine komplett ausgerüstete, historische Papierfabrik, die über Transmissionen mit Wasserkraft angetrieben wird (OT Niederzwönitz, Köhlerberg 1, Tel.: 03 77 54 / 26 90, www.zwoenitz.de, Mi bis Sa 10 – 12 Uhr, 13 – 17 Uhr, So 12 – 17 Uhr, Erw. 3 €, Kinder 1,50 €).
Ein weiteres technisches Denkmal ist

UNTERWEGS IM ERZGEBIRGE

die Knochenstampfe Dorfchemnitz. Sie ist die einzige noch erhaltene Knochenstampfe im gesamten Erzgebirge. Untergebracht ist sie in einem ehemaligen Bauernhof mit einem für Sachsen einzigartigen Rautenfachwerk. Gleichzeitig hat hier das Heimatmuseum ein Zuhause gefunden und der älteste Steinbackofen Sachsens, der bereits 1585 erstmals angefeuert wurde. Kleine Besucher sind besonders begeistert, wenn sich die Figuren auf den mechanischen Weihnachtsbergen in Bewegung setzen (OT Dorfchemnitz, Am Anger 1, Tel.: 0 77 54 / 28 66, www.knochenstampfe.de, Mi bis Sa 10 – 12 Uhr, 13 – 17 Uhr, So 12 – 17 Uhr, Erw. 3 €, Kinder 1,50 €).

ESSEN & TRINKEN
Rund ums Bier
Brauerei-Gasthof
Grünhainer Straße 15
Tel.: 03 77 54 / 59 99 05
www.brauerei-zwoenitz.de
Bier aus der eigenen Brauerei und Deftiges auf den Teller zu vernünftigen Preisen. Hier lässt sich gut feiern (Mo bis Do 11 – 14, ab 17, Fr bis So ab 11 Uhr).

SERVICEINFO
Bürgerservice der Stadt Zwönitz
Markt 3a, Tel.: 03 77 54 / 3 51 59
www.zwoenitz.de.

▶ WASCHLEITHE
560 Einwohner

Die kleine Gemeinde im malerischen Tal des Oswaldbaches ist ein Ortsteil der Stadt Grünhain-Beierfeld. Ihr touristisches Potential lohnt aber durchaus einen separaten Eintrag. Bereits 1961 fanden sich Heimatfreunde zusammen und gründeten die Schauanlage „Heimatecke". Seither zieht es Jahr für Jahr tausende große und kleine Besucher in die Miniaturwelt des Erzgebirges. Im Maßstab 1:40 entstanden in meisterhafter Bastelarbeit mehr als 90 detailgetreue Nachbauten bedeutender historischer Bauwerke der Region. Viele Details bewegen sich und lassen damit das alte Erzgebirge lebendig werden (Talstraße 22, Tel.: 0 37 74 / 2 90 01, www.heimatecke.de, April bis Okt. tgl. 9 – 18 Uhr, Erw. 3 €, Kinder 2 €). Nur wenige Schritte entfernt, auf der gegenüberliegenden Talseite, lädt der Natur- und Wildpark Waschleithe zu einem Streifzug durch die heimische Fauna ein. Mit seinem ausgedehnten Gelände am Hang gehört er zu den schönsten Wildparks der Region. Es sind fast ausschließlich Tiere der heimischen Wälder, die man hier beobachten kann (Mühlberg 56, Tel.: 0 37 74 / 17 77 36, tgl. 9 Uhr bis Sonnenuntergang, Erw. 3 €, Kinder 1,50 €, www.tierpark-waschleithe.de). Und zur Komplettierung eines tollen Urlaubstages in Waschleithe empfiehlt sich der Besuch im Schaubergwerk „Herkules-Frisch-Glück". Als in den vergangenen 20 Jahren die Schaubergwerke im wahrsten Sinne des Wortes aus dem Boden schossen, war das in Waschleithe

DER WESTEN IV

schon seit Jahrzehnten ein beliebtes Ziel für die ganze Familie. Im ältesten Schaubergwerk Sachsens geht es mehr als 250 Stufen in die Tiefe, wo nicht nur eindrucksvolle Einblicke in die Arbeit der Bergleute vergangener Tag warten, sondern auch eine mystische Atmosphäre mit unterirdischen Seen. Jüngst entstand zusätzlich bei der Bergschmiede eine bergmännische Erlebniswelt. Dort kann man verfolgen, wie aus dem frisch gebrochenen Stein das Erz gewonnen wurde (Am Fürstenberg 6, Tel.: 0 37 74 / 2 42 52, www.schaubergwerk-waschleithe.de, Di bis So, Führungen 13, 14 und 15 Uhr, Erw. 6 €, Kinder 2,50 €).

Essen & Trinken
✕ *Idyllisch*
Köhlerhütte
Am Fürstenberg 7
Tel.: 0 37 74 / 1 59 80
www.koehlerhuette.com
Schönes Haus in idyllischer Lage und gut bürgerliche Küche mit sächsischem Hintergrund. Tgl. 11 – 23 Uhr.

▶ RASCHAU/ MARKERSBACH

5.600 Einwohner

Die Gemeinde Raschau-Markersbach entstand im Rahmen der jüngsten Gebietsreform. Sie liegt direkt an der Silberstraße und profitiert sicher etwas von der zentralen Lage zwischen Annaberg-Buchholz und Schwarzenberg. Das ehemalige Waldhufendorf Markersbach kann mit der um 1250 erbauten St.-Barbara-Kirche auf eines der ältesten Gotteshäuser Sachsens verweisen. Das historische Eisenbahnviadukt aus dem Jahre 1888 gilt als ingenieurstechnische Meisterleistung seiner Zeit. Eine Sehenswürdigkeit moderner Art ist das Pumpspeicherwerk. Mit seinen mächtigen Ober- und Unterbecken hat es die Silhouette des Erzgebirges ein Stück verändert. Es wurde 1879 in Betrieb genommen und war mit einer Gesamtleistung seiner sechs Turbinen von 1.600 Megawatt das leistungsstärkste seiner Art in Europa. Das Kraftwerk in der mächtigen Kaverne kann auf Anfrage besichtigt werden (Oberbeckenstraße 8, Tel.: 0 37 74 / 8 99 22 80, Herr Würzberger, Kinder erst ab 14 Jahre).

ESSEN & TRINKEN
✕ *Fratzen und Getzen*
Landhotel und Gasthof Hirtbrück
OT Raschau, Schulstraße 66a
Tel.: 0 37 74 / 8 62 32
www.hirtbrueck.de
Auf der Speisekarte geht es erzgebirgisch zu. Hier bekommt man urig Regionales auf den Teller. Tgl. ab 11 Uhr, Mo Ruhetag.

SERVICEINFO
Fremdenverkehrsbüro, Haus des Gastes-Kaiserhof
OT Markersbach, Annaberger Str. 80, Tel.: 0 37 74 / 15 72 22
www.raschau-markersbach.de

WANDERN IM ERZGEBIRGE / TOUR 1

1 Auf Nussknackers Spuren

TOURINFO KOMPAKT

Anspruch:	Länge:	Dauer:	Höhenmeter:
mittel	14,7 km	4:00 Std.	▲ 420 ▼ 420

Nussknackermuseum, Nussknackerstraße, Nussknacker Baude und Schauwerkstatt, wo die Nussknacker das Licht der Welt erblicken. Eine Wanderung zu den Nüsse knackenden Gesellen.

Ausrüstung: Bequemes, festes Schuhwerk, Sonnenschutz, Wasser

Anfahrt mit dem Auto: Von Olbernhau kommend auf der B171 bis Sayda und von dort nach Neuhausen.
Anfahrt mit Bus & Bahn: Von Freiberg bis Neuhausen mit Linie 737, von Olbernhau mit Schienenersatzverkehr.

Ausgangspunkt: Parkplatz gegenüber dem Rathaus Neuhausen
50° 40 '32,5" 13° 27' 28,5"
33U RW 391043 HW 5614896

Einkehr: Unsere Empfehlung: Berggasthaus Schwartenbergbaude, Am Schwartenberg 10, Tel.: 03 73 61 / 4 56 86, www.schwartenbergbaude.de, tgl. ab 11 Uhr, toller Blick übers Land und Regionales auf dem Tisch.

Wir starten am 🅢 Parkplatz gegenüber vom Rathaus in Neuhausen. Von dort gehen wir auf der Hauptstraße nach rechts, passieren dabei links das Fremdenverkehrsamt mit Touristinformation und gelangen hinter der Kirche auf die Brüxer Straße. Auf ihr halten wir uns links. Nach ca. 100 m treffen wir auf einen sehr liebevoll geschnitzten Wegweiser, bleiben dort halblinks auf der Brüxer Straße in Richtung Frauenbach. Sie führt in einer Rechtskurve aufwärts. In der Kurve verlassen wir sie halblinks in den Einsiedler Weg. Etwa 200 m weiter trifft, von rechts kommend, eine Straße auf den Einsiedler Weg. Auf ihr wandern wir links durch den **OT** **Frauenbach** ❶ langsam aber stetig bergauf. In der Siedlung gabelt sich die Straße, wir halten uns links auf Blaustrich E3. Oberhalb von Frauenbach erreichen wir am Waldrand eine Kreuzung mit einem Rastplatz und verschiedenen Wanderkarten. Wir entscheiden uns für den rechten Weg am Waldrand entlang in Richtung Bad Einsiedel (Blaustrich). Wir bleiben konsequent auf dem Hauptweg, der ohne Markierung stetig nach oben führt. Auf der Höhe im Hochwald wird der Weg wieder breiter und befestigt. Wir stoßen auf einen asphaltierten Weg, dem wir nach rechts folgen. Dieser trifft auf eine kleine Straße, die wir ebenfalls nach rechts gehen, führt

OSTEN / NEUHAUSEN

uns zum **Waldgasthof Bad Einsiedel** ❷. Außerdem findet man hier eine Schutzhütte, Bänke, Wanderkarten und Informationstafeln. In der Folge werden wir erneut vom Blaustrich begleitet. 100 m hinter der Gaststätte biegen wir nach rechts Richtung Dachsbaude ab. Nach etwa 600 m, noch vor der Dachsbaude, zweigen wir nach links ab, treffen auf die Straße und folgen ihr rechts bis zur Schwartenbergauffahrt. Die Auffahrt ist eine asphaltierte Straße, auf der wir zur **Schwartenbergbaude** ❸ gelangen. Die vor 80 Jahren erbaute Bergbaude ist nicht nur ein beliebtes Ausflugsziel für Wanderer, sondern der Berg auch ein guter Startplatz für Drachenflieger.
Vom Schwartenberg folgen wir dem Blaustrich/E3 weiter in Richtung Seiffen. Wir treffen auf den Glashüttenweg, eine asphaltierte Fahrstraße, halten uns links und biegen nach einer kleinen Senke rechts auf den Weg zur Schwartenbergstraße ein. Diese erreichen wir nach ca. 300 m und wandern auf ihr mit Blaustrich in den Ort hinunter. In einer Rechtskurve biegt der Wanderweg plötzlich von der Straße ab und führt geradeaus nach unten zur

▶ *„Wachposten" vor dem Nussknackerhaus in Seiffen.*

Hauptstraße. Die überqueren wir und folgen der Nussknackerstraße rechts vorbei am Nussknackerhaus. Oberhalb des Ortes wandern wir vorbei an der **Nussknackerbaude** ❹, treffen auf die Deutschneudorfer Straße und folgen ihr rechts abwärts zur Kirche und weiter ins Zentrum. An der Kreuzung wechseln wir auf die Hauptstraße, rechts das Dorf aufwärts. Nach 150 m schwenken wir scharf links auf den Schindelberg ein, dem wir folgen. Von ihm wechseln wir rechts auf den Glashüttenweg, der uns nun wieder als asphaltierter Fahrweg aufwärts führt. In einer weiten

WANDERN IM ERZGEBIRGE / TOUR 1/2

Rechtskurve verlassen wir ihn und gehen an einer Bank nach links auf dem Steinhübel in Richtung Gaststätte „Diana". Seit dem Glashüttenweg werden wir vom Rotstrich EB begleitet. Der Weg windet sich um den Schwartenberg, verlässt den Wald und führt durch Wiesen und Felder in Richtung Neuhausen mit einem weiten Blick auf den Ort und das **Schloss Purschenstein** ❺. Dort, wo die Ausschilderung des Rundweges nach links zeigt, bleiben wir geradeaus. An der nächsten Kreuzung ebenso. 100 m weiter biegt der Rotstrich halblinks von der Straße ab und führt uns als Wiesenweg relativ steil hinunter nach Neuhausen, zurück zum Ausgangspunkt unserer Wanderung.

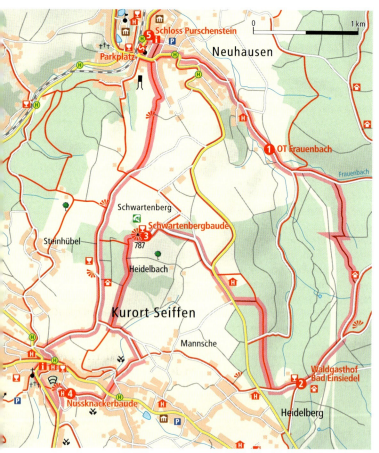

OSTEN / NORDEN

2 Per Pedes zum Schloss

TOURINFO KOMPAKT

Anspruch:	Länge:	Dauer:	Höhenmeter:
leicht	7,1 km	2:15 Std.	▲ 290 ▼ 290

Während viele Besucher vom Bahnhof Erdmannsdorf die historische Standseilbahn zur Augustusburg nutzen, führt diese Wanderung durch schattige Wälder per Pedes auf den Berg.

Anfahrt mit dem Auto: Vom Stadtzentrum Chemnitz auf der Augustusburger Straße direkt nach Erdmannsdorf.

Anfahrt mit Bus & Bahn: Mit dem Bus ab Flöha bis Erdmannsdorf Bahnhof, Linie 234. Mit dem Zug von Chemnitz bis Bahnhof Erdmannsdorf/Augustusburg, Linie 517 der Zschopautalbahn.

Ausgangspunkt: Bahnhof Erdmannsdorf
50° 49 '16,5"   13° 05' 03,5"
33U   RW 365066   HW 5631696

Einkehr: Café Friedrich, Restaurant & Konditorei, Hans-Planer-Str.1, 09573 Augustusburg, Tel.: 03 72 91 / 66 66, www.cafe-friedrich.de, So bis Do 8 bis 20 Uhr, Fr/Sa bis 22 Uhr.

Vom 🚉 Bahnhof gehen wir in Richtung Talstation der Standseilbahn und dort rechts die Straße abwärts. Bevor die Straße die Bahnschienen unterquert, biegen wir links in den Wald ein. Wir gehen von dort entlang des Schwarzbaches links hinauf in Richtung Augustusburg. Nach 100 m erreichen wir eine Gablung, wir nehmen den linken Weg Richtung Rodelbahn und verlassen dabei den Schwarzbach. Hier treffen wir auch auf eine erste Schautafel des Naturschutzlehrpfades, auf den wir im Verlaufe unserer Wanderung wieder stoßen werden.

Etwas unterhalb der Bergstation nähert sich unser Weg der Bahntrasse und führt dann in einem weiten Rechtsbogen bergauf, zur **Bergstation** ❶. Ein Ortsplan mit den Wanderwegen der Region gibt Auskunft über das Weiter. Wir gehen auf den Schlossweg in Richtung Pfaffenstein. Bevor wir links in den Schlossweg einbiegen, passieren wir die **Gaststätte Waldfrieden** ❷. Ein gepflasterter Fußweg führt uns nach ca. 100 m zum Aussichtspunkt Pfaffenstein mit Bänken und einem Blick auf Augustusburg und das Erzgebirge. In der Folge lassen wir die **Pfarrkirche St. Petri** ❸ rechts liegen und erreichen den Markt. Vor dem Gasthof Lehngericht wechseln wir auf die Schlossstraße, der wir steil aufwärts zum Schloss fol-

WANDERN IM ERZGEBIRGE / TOUR 2

gen. Vor dem Schlosstor befindet sich rechts der alte Pranger. Vom **Schloss Augustusburg** ❹ aus kann man verschiedene Panoramablicke aufs Erzgebirge genießen. Wir verlassen das Schloss auf gleichem Weg und nutzen hinter dem Tor die Treppen links in den Schlossgarten. Dort gehen wir zur alten Schlosslinde, die 1421 unter Friedrich dem Streitbaren gepflanzt wurde. Hier öffnet sich erneut ein grandioser Blick auf das Erzgebirge. Wir gehen zurück, wieder unter der Schlosszufahrt durch und dann hinter dem Schloss nach links. Entlang der Westseite des Schlosses treffen

NORDEN / ERDMANNSDORF

wir auf Höhe der Stallungen auf einen kleinen Pfad, der mit einem Wegweiser nach Erdmannsdorf rechts nach unten in den Wald abbiegt. Dem folgen wir. Nach ca. 50 m trennt sich links ein weiterer Weg ab, der, teils durch Geländer gesichert, im Zickzack in den Ort Augustusburg hinunterführt. Dabei passiert er den **Aussichtspunkt Albin-Müller-Platz** ❺. Leider ist die Aussicht mit den Jahren völlig zugewachsen. Der Weg trifft am Fuße des Burgberges auf einen Spielplatz. An ihm vorbei kommen wir auf die Straße der Schlossauffahrt. Wir gehen dort nach rechts auf die Marienberger Straße. Diese biegt halblinks ab. Wir bleiben geradeaus auf der Waldstraße. Auf ihr erreichen wir nach etwa 700 m das Hotel „Am Kunnerstein" und den **Franzosenfriedhof** ❻ mit Gedenkstein, Wanderkarte und Wegweiser. Dort nehmen wir den Rotstrich-Weg rechts in Richtung Kunnerstein. Nach 450 m erreicht er eine Schutzhütte mit einer erneuten Gablung. Wir entscheiden uns für den halbrechten der beiden Hauptwege weiter in Richtung Kunnerstein.

Nach 50 m weist uns erneut ein Wegweiser an einer Gabelung nach links auf den Zschopautalweg mit Rotstrich. der gleichzeitig als Naturlehrpfad gekennzeichnet ist. Nach 5 min. treffen wir auf die **Schutzhütte am Kunnerstein** ❼. Hier erwarten uns auf dem Felsen zahlreiche Aussichtspunkte, die durch Geländer gesichert sind und Blicke auf das Zschopautal bieten. Wir gehen von dort zurück zur Schutzhütte und noch unterhalb davon auf den Weg links in Richtung Erdmannsdorf. Nach 300 m kommen wir zu einer Gabelung. Wir gehen links und nach 50 m erneut links auf den K-Weg. An einer Gabelung mit Bank verlassen wir ihn nach rechts. Wir passieren eine erste Kreuzung und halten uns nach 400 m an der zweiten Kreuzung in einem Bogen nach links unten. Dieser Weg erreicht eine Kreuzung an einer Bank, die rund um eine Eiche gebaut wurde. Von links kommt ein Grünstrich-Weg, dem wir nach rechts folgen. Er führt uns, nun oberhalb des Zschopautals und der Eisenbahnstrecke, zurück nach Erdmannsdorf.

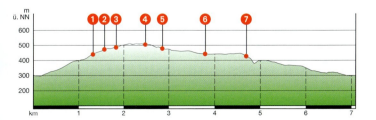

WANDERN IM ERZGEBIRGE / TOUR 3

3 Wildromantisch zum Katzenstein

TOURINFO KOMPAKT			
Anspruch: mittel	**Länge:** 16,3 km	**Dauer:** 4:00 Std.	**Höhenmeter:** ▲ 520 ▼ 520

Das Tal der Schwarzen Pockau wird nicht ohne Grund als das wildromantischste des Erzgebirges bezeichnet. Diese Wanderung liefert den Beweis.

Ausrüstung: Wanderschuhe, Wasser, leichter Pulli (im Tal kann es frisch werden)

Anfahrt mit dem Auto: Von Chemnitz auf der B174 nach Marienberg, weiter auf der B171 in Richtung Olbernhau

Anfahrt mit Bus & Bahn: von Chemnitz über Marienberg bis Haltestelle Kniebreche, Linie 207.

Ausgangspunkt: Bushaltestelle Kniebreche gegenüber der Säge und Holzbau GmbH
50° 39' 23,5"   13° 12' 39"
33U   RW 373534   HW 5613158

Einkehr: Unsere Empfehlung: Hotel Schwarzbeerschänke, Amtseiter Hinterer Grund 2, 09496 Pobershau, Tel.: 0 37 35 / 9 19 10, www.schwarzbeerschaenke.de, täglich ab 12 Uhr.

Erst überqueren wir die S Brücke der Schwarzen Pockau, und dann wandern wir auf der schmalen Asphaltstraße ins Schwarzwassertal in Richtung Katzenstein. Die sehr wenig befahrene Straße verläuft linksseitig der Schwarzen Pockau am Waldrand entlang und passiert nach etwa 1,5 km eine kleine Schrifttafel, die am linken Straßenrand auf ein verbrochenes Mundloch eines ehemaligen Bergwerksstollens verweist. Nach reichlich 2 km erreichen wir das **Hotel und Restaurant „Schwarzbeerschänke"** ❶, ein beliebtes Ausflugslokal. Hier informiert eine große Schautafel mit einer Wanderkarte über das Schwarzwassertal.

Die Straße führt uns weiter in den kleinen Pobershauer OT Hinterer Grund. Hier beginnt der schönste Teil des Tales. Wir nehmen aber vorerst vor dem Wanderparkplatz die Straße in Richtung Pobershau nach rechts steil nach oben in den Wald. Nach 200 m passieren wir den ehemaligen Standort Huthaus der Grube St. Ursula mit einer Bank und die Lamaranch mit dem **Salon „Zum Grizzly"** ❷. Nach weiteren 250 m gehen wir auf dem Weintraubenweg links weiter hoch in den Wald. Der Fahrweg wird letztlich zu einem Pfad, der nach knapp 1 km das **„Berghaus am Katzenstein"** ❸ erreicht. Wir gehen daran vorbei und nutzen nun eine von rechts

OSTEN / POBERSHAU

▶ *Unterwegs im Schwarzwassertal.*

kommende Straße geradeaus. Sie wird bergaufwärts zu einem asphaltierten Wanderweg und trifft an einer Kreuzung mit Sitzgruppe und Hinweistafel auf den Forstbotanischen Lehrpfad am Katzenstein. Wir gehen weiter geradeaus, nun begleitet von Informationstafeln zu Flora und Fauna der Region. An der nächsten Gabelung wechseln wir nach links. An einer kleinen Wegekreuzung wurde eine Schutzhütte eingerichtet. Von hier sind es nur noch 20 m bis zu den Aussichtspunkten auf den Felsen des **Katzensteins** ❹. Mit Geländern gesichert, öffnen sich weite Blicke über das Land und hinunter ins 90 m tiefer liegende Schwarzwassertal. Bänke und Picknickplätze laden zur Rast ein. Zurück an der kleinen Kreuzung nehmen wir nun den Weg links mit zahlreichen Schautafeln. Er passiert eine Vogelbeobachtungsstelle mit Unterstand, Wasserstelle und Futterplatz. Dieser Weg trifft auf

WANDERN IM ERZGEBIRGE / TOUR 3

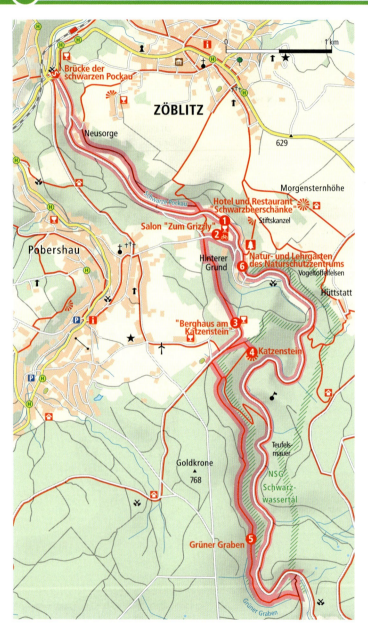

OSTEN / POBERSHAU

den von rechts kommenden **Grünen Graben** ❺. Wir folgen dem Grünen Graben, der in Zusammenhang mit dem Bergbau entstanden ist und dessen Wasser von der Schwarzen Pockau abgezweigt wird. So wie die Schwarze Pockau, deren Wasser durch Schwebstoffe und Mineralien aus ihrem Quellmoor am Jeleni Hora seine tiefbraune Farbe erhält, macht auch der Grüne Graben seinem Namen alle Ehre. Nur, dass sein Name sich nicht auf die Farbe des Wassers bezieht, sondern auf das Grün an seiner Seite. Entlang des Grabens ist ein sehr angenehmer und romantischer Weg. Wir folgen der ausgeschilderten Strecke, die auch mal die Seite wechselt. Nach knapp 2 km erreichen wir einen Rastplatz auf einem kleinen Felsen. 300 m später überquert der Weg die Schwarze Pockau und stößt auf den Pockautalweg. Auf dieser gepflegten Forststraße wandern wir entlang der Schwarzen Pockau durch das teils von schroffen Felsen begrenzte Tal. Nach etwa 2 km erreicht der Fahrweg den Bereich des Katzensteins. Später treffen wir auf die ersten Häuser des Hinteren Grundes. Aus der Forststraße wird eine asphaltierte Straße, die zuerst den **Natur- und Lehrgarten des Naturschutzzentrums** ❻ und dann das Kinderheim Pobershau passiert. Wir lassen die „Schwarzbeerschänke" hinter uns und verlassen nach 300 m die Straße auf einem kleinen Weg nach rechts über eine Wiese in den Wald hinein. Damit sind wir weiter auf dem Pockautalweg. An der ersten Gabelung bleiben wir links auf dem Pfad am Waldrand. Er begleitet uns zurück zum Ausgangspunkt.

▶ *Am Grünen Graben im Schwarzwassertal.*

WANDERN IM ERZGEBIRGE / TOUR 4

4 Durch die Wolkensteiner Schweiz

TOURINFO KOMPAKT

Anspruch:	Länge:	Dauer:	Höhenmeter:
mittel	19,2 km	5:00 Std.	▲ 730 ▼ 730

Die Rundwanderung durch die Wolkensteiner Schweiz verbindet zwei sehens- und besuchenswerte Herrensitze der Region.

Ausrüstung: Wanderschuhe, Regen- und Sonnenschutz, Wasser

Anfahrt mit dem Auto: Von Annaberg-Buchholz bzw. Freiberg auf der B101

Anfahrt mit Bus & Bahn: Von Dresden/ Freiberg und Annaberg-Buchholz, Linie 400. Von Annaberg-Buchholz, Linie 425; mit dem Zug: Von Chemnitz über Flöha bzw. von Annaberg-Buchholz mit der Flöhatalbahn, Linie 517.

Ausgangspunkt: Schloss Wolkenstein
50° 39' 19" 13° 03' 54,5"
33U RW 363233 HW 5613178

Einkehr: Burgschänke Scharfenstein, Schlossberg 1, 09430 Drebach OT Scharfenstein, Tel.: 0 37 25 / 7 03 43, tgl. ab 9 Uhr, Mo Ruhetag.

Vom **S** Schloss wandern wir zum Marktplatz und biegen dort links durch den „Rathaustunnel" auf die Bahnhofstraße ein. Diese trifft auf die Hauptstraße, auf der wir etwa 100 m nach links gehen. Dort überqueren wir diese und wechseln rechts auf die Heidelbachstraße, die allmählich weiter ins Tal führt. Ein Stück oberhalb der Eisenbahnstrecke geht mit dem Rotstrich rechts ein schmaler Weg ab, der steil und malerisch über Natursteinstufen und, teils mit einem Geländer gesichert, in Richtung Anton-Günther-Höhe führt. Der Weg passiert die **Brückenklippe** ❶, von der man einen schönen Blick ins Zschopautal und auf die älteste, im Jahre 1724 erbaute, Steinbrücke Wolkensteins hat. Scharf links folgen wir dem Rotstrich zur **Anton-Günther-Höhe** ❷. Dort erwarten uns eine Schutzhütte, Spielgeräste, Bänke und ein alter Gedenkstein. Der weite Blick über den Erzgebirgskamm mit Bärenstein, Pöhlberg und Fichtelberg ist wohl der Grund, warum man dem erzgebirgischen Heimatdichter gerade an dieser Stelle einen Gedenkstein errichtet hat.

Von hier geht es über die **Himmelsleiter** ❸ in Richtung Warmbad. Die Himmelsleiter trifft unterhalb der Pension „Waldfrieden" auf die Bundesstraße. Wir überqueren sie dort und wandern auf einem kleinen, asphaltierten Weg in Richtung Warmbad. Nach 100 m

NORDEN / WOLKENSTEIN V

▶ *Silbertherme in Warmbad.*

biegen wir auf dem Rotstrich links ab und wechseln dann an einem Wege-T auf den rechten Weg. Der führt uns leicht bergauf durch die Kuranlagen und hinter den Wohnhäusern an eine Abzweigung links in Richtung des Waldes. Am Wegweiser ist zwar unser Ziel nicht zu finden, doch am Waldrand treffen wir auf die Gelbstrich-Markierung, der wir links in Richtung Kellerlochfelsen und Hopfgarten folgen. Auf dieser Forststraße passieren wir diverse Bänke und eine Schutzhütte. Vom **Kellerlochfelsen** ❹ öffnet sich erneut ein toller Blick über das Zschopautal. Auf der Forststraße geht es nach Hopfgarten. Hinter der Unterquerung der Eisenbahnstrecke führt der Weg rechts vorbei an einer gemütlichen Sitzecke durch den Ort. Nach 350 m erreichen wir die Abzweigung und wechseln über den Bahnübergang nach rechts. Auf der Pflasterstraße gehen wir aufwärts, biegen jedoch bald mit dem Rotstrich links in einen Waldweg ein. Nach etwa 1,5 km senkt er sich hinunter ins Tal zur Bahntrasse. Dort wandern wir auf einem Treppensteig zu einer Wanderhütte mit Bänken und bleiben bis Scharfenstein

WANDERN IM ERZGEBIRGE / TOUR 4

auf diesem kleinen, abwechslungsreichen Weg, der in unregelmäßigen Abständen mal rauf und mal runter geht. Vor Scharfenstein senkt sich ein Hohlweg ins Tal, der auf eine kleine Dorfstraße trifft. An der Brücke über die Zschopau hat man einen Blick auf die **Burg Scharfenstein** 5 und muss sich entscheiden, ob man geradeaus den Abstecher zur Burg unternimmt oder links über die Brücke sofort den Rückweg antritt. In diesem Fall sollte man nach Überqueren der Brücke rechts den Klingenweg nutzen, der über knapp 3 km stetig nach oben führt. Oberhalb von Hopfgarten, an den ersten Häusern des Ortes, biegen wir mit dem Rotstrich vor einer kleinen Strumpffabrik scharf rechts ab, nehmen den Waldweg, eine steile Schneise, den Berg hinauf, bis der Weg den Grünstrichweg kreuzt. Von dort geht es erneut hinunter bis zum **historischen Kalkwerk Heidelbach** 6. An der Straße halten wir uns 100 m rechts. Nach der Kurve verlässt sie die Grünstrich-Markierung links zum Richterteich. Wir passieren den Teich und halten uns scharf links auf dem Wanderweg. Vor Schönbrunn wenden wir uns langsam ins Tal. Ein kurzer Abstecher zum **Ziegenfelsen** 7 bringt letztmalig die Möglichkeit für einen lohnenswerten Ausblick ins Zschopautal und auf Schloss Wolkenstein. Im Tal angekommen, gehen wir in Richtung Bahnhof und dort links über die neue Fußgängerbrücke. Der Weg zum Schloss führt abschließend nochmals sehr steil aufwärts und nutzt dazu unter anderem 110 Stufen. Wer möchte, kann auf halber Höhe noch einen Abstecher in die Wolfsschlucht einschieben, wo ein wildromantischer Weg wartet.

▶ *Blick auf die Burg Scharfenstein.*

NORDEN / WOLKENSTEIN

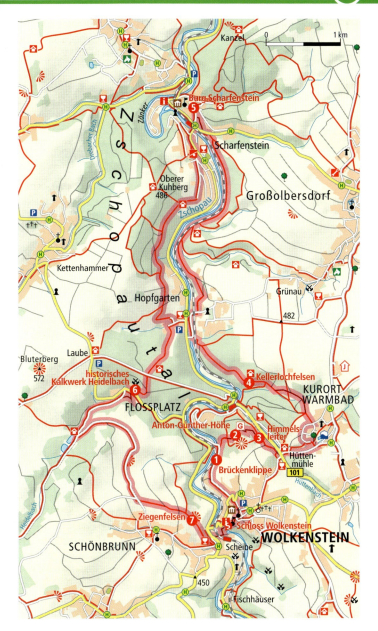

WANDERN IM ERZGEBIRGE / TOUR 5

5 Grenzweg und Faszination Kleinbahn

TOURINFO KOMPAKT

Anspruch:	Länge:	Dauer:	Höhenmeter:
leicht	11,5 km	2:45 Std.	▲ 370 ▼ 370

Wanderung erst durch den Kriegerwald entlang der Museumsbahn und dann zur Abwechslung hinauf auf den Berg.

Ausrüstung: Wanderschuhe, Getränke

Anfahrt mit dem Auto: Auf der B95 über Annaberg-Buchholz Richtung Oberwiesenthal, an der Abzweigung Morgensonne nach links über Königswalde.

Anfahrt mit Bus & Bahn: Von Annaberg-Buchholz, Linie 430.

Ausgangspunkt: Marktplatz Jöhstadt
50° 30′ 50,5″ 13° 05′ 25″
33U   RW 364605   HW 5597527

Einkehr: „Am Hammerberg", Hauptstraße 31, 09477 Jöhstadt OT Schmalzgrube, Tel.: 03 73 43 / 8 80 50, Mo bis Fr ab 16 Uhr, Sa/So ab 11 Uhr, Mi Ruhetag.

Wir verlassen den 🅢 Markt in Jöhstadt rechts unten auf die Pleiler Straße. Nach hundert Metern biegt diese links ab auf den Brauhausweg, der direkt ins Tal führt. Der trifft auf die Äußere Bahnhofstraße, die in einem weiten Bogen nach rechts ins Tal geht. Dort lassen wir das ehemalige Bahnhofsgebäude links liegen und gehen in Richtung OT **Dürrenberg** ❶. Direkt im Tal überquert der Wanderweg eine Brücke links über das Schwarzwasser. Wir wandern entlang der Gelbstrich-Markierung auf dem Dr.-Möller-Weg. An der Waldecke kommen wir zu einem Gedenkstein für die Opfer der Hochwasserkatastrophe am 20. Juli 1955. Der Weg führt am Waldrand langsam nach oben. Wir halten uns an die Ausschilderungen des Dr.-Möller-Weges und erreichen den Kriegerwald. Das Waldstück gehört zu den von Schadstoffen extrem geschädigten Teilen des Erzgebirges. Man sieht, dass mit großem Aufwand versucht wird, neuen Mischwald aufzuforsten. Nach etwa 1,5 km erreichen wir den höchsten Punkt dieses Abschnitts und haben einen weiten Blick hinüber in die Tschechische Republik zum Hassberg (Jelina Hora). An einer Weggabelung halten wir uns auf dem Forstweg halbrechts. Der Weg erreicht nach einem weiteren Kilometer die Tschechische Grenze mit dem **Deutschen Felsen** ❷. Wir bleiben noch 800 m auf dem Dr.-Möller-Weg. An einer Weggabelung mit einer Bank nehmen wir den kleinen Waldweg rechts in Richtung

SÜDEN / JÖHSTADT

▶ *Markt in Jöhstadt.*

Freibad Schmalzgrube. Er führt steil zu den ersten Häusern des Dorfes und wird zu einer asphaltierten Siedlungsstraße. Wir passieren die **Gaststätte „Am Hammerwerk"** ❸. Der Weg mündet direkt am Freibad in die Hauptstraße, in die wir links einbiegen. Wir überqueren zweimal die Preßnitz und dann die Gleise der Museumsbahn. Am Bahnhof wartet eine gemütliche Sitzecke auf müde Wanderer. Hinter den Bahnschienen dreht der Weg nach links. Er führt nun entlang der Gleise der Museumsbahn, wird vom Blaustrich markiert und trifft auf einen Rastplatz mit Blockhütte, Bänken, Informationstafeln und einer Quelle. Kurze Zeit später führt nach links eine kleine Brücke über das Schwarzwasser nach 800 m zum Haltepunkt **„Loreleifelsen"** ❹. Wir nehmen nach 50 m die Abzweigung rechts hoch in den Wald zur **Jugendherberge Raummühle** ❺. Der kleine Waldweg strebt nach 200 m gemeinsam mit einem größeren Weg ruhig und schattig

WANDERN IM ERZGEBIRGE / TOUR 5

im Wald nach oben. Von links kommt ein Weg, dem wir rechts in Richtung Raummühle folgen. Er erreicht eine kleine Straße, auf der wir zur Jugendherberge gelangen. Dort stehen Bänke und Rastmöglichkeiten. Vor der Jugendherberge nehmen wir den Weg links hinauf zur Straße. Nachdem wir die Straße überquert haben, geht es auf einem zugewachsenen Pfad ohne Wegweiser und Markierung weiter aufwärts. Auf dem zweiten Weg, der den Pfad kreuzt, steht ein Wegweiser links nach Jöhstadt. Diesem Alte-Henne-Weg folgen wir. Nach etwa 1 km, kurz bevor die nächste Straße erreicht ist, schwenken wir auf einen breiten Waldweg (Torfstraße) nach rechts. 300 m später kommen wir an die nächste Kreuzung. Wir wechseln nach links. Dieser Weg bringt uns durch die Siedlung auf direktem Weg zurück nach Jöhstadt.

▶ *Die Preßnitztalbahn in Aktion.*

SÜDEN / JÖHSTADT

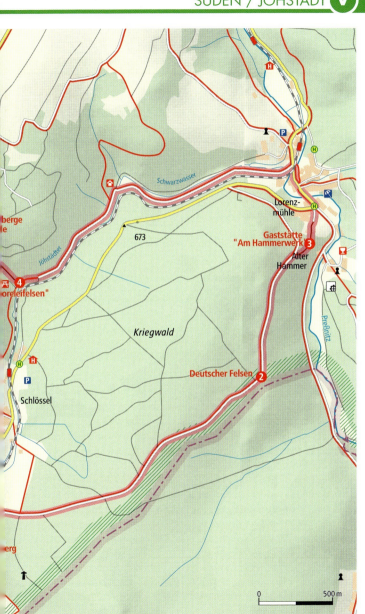

WANDERN IM ERZGEBIRGE / TOUR 6

6 Mit Volldampf ins Tal

TOURINFO KOMPAKT

Anspruch:	Länge:	Dauer:	Höhenmeter:
leicht	12,2 km	3:00 Std.	▲ 220 ▼ 470

Vom Fichtelberg in Richtung Sehmatal. Neben Schmalspurerlebnissen bietet diese Tour auch tolle Blicke auf Oberwiesenthal, die es so von der Bahn aus nicht gibt.

Ausrüstung: leichte Wanderschuhe, Getränke

Anfahrt mit dem Auto: Von Chemnitz über Annaberg-Buchholz auf der B95 zum Großparkplatz unterhalb des Bahnhofes in Oberwiesenthal.

Anfahrt mit Bus & Bahn: Von Chemnitz über Annaberg-Buchholz bis Bushaltestelle Am Bahnhof in Oberwiesenthal, Linie 210/411. Mit der Bahn: Mit der Zschopautalbahn nach Cranzahl, Linie 517 und weiter mit der Fichtelbergbahn nach Oberwiesenthal, Linie 518.

Ausgangspunkt: Bahnhof Oberwiesenthal der Fichtelbergbahn.
50° 25′ 15,5″   12° 58′ 19″
33U   RW 355934   HW 5587404

Einkehr: Gaststub zr Bimmelbah´, Karlsbader Straße 215, 0946 Sehmatal OT Neudorf, Tel.: 03 73 42 / 82 63, www.gaststub-zr-bimmelbah.de, tgl. ab 11 Uhr, Do Ruhetag.

Die Wanderung beginnt im **S** Zentrum von Oberwiesenthal am **Bahnhof der Fichtelbergbahn** ❶. Vom Bahnhof aus gehen wir die Bahnhofstraße nach rechts und wechseln in deren Linkskurve geradeaus auf die Poststraße, die aufwärts führt. Nach 100 m treffen wir auf die **Vierenstraße** ❷, der wir rechts folgen und auf der wir die nächsten Kilometer bleiben. Sie führt vorbei an den Talstationen von Schwebebahn und Sessellift sowie an der Blockhütte Prjut 12 unterhalb des Skihangs und der Schanzen links oben am Hang. Die Straße geht dann steil den Berg hinauf. Nach 100 m oben angekommen, bleiben wir an der Kreuzung geradeaus. Ca. 30 m hinter der Kreuzung beginnt rechts, parallel zur Straße, ein Wanderweg, der ein Stück unterhalb der Vierenstraße in einem weiten Bogen in Richtung Waldeck schwenkt. Bänke mit einem schönen Blick auf das Wohngebiet Sparringberg und den Gegenhang in der Tschechischen Republik laden zur Rast ein. An der Gaststätte Waldeck gibt es nicht nur Wanderkarten und Wegweiser, sondern auch den Start zum **Fichtelchen Erlebnispfad** ❸, einem Pfad der Sinne für kleine und große Leute. Am Waldeck

SÜDEN / OBERWIESENTHAL

▶ *Blick auf Cranzahl.*

gehen wir auf die Forststraße nach links mit dem Ziel Vierenstraße/Neudorf. Die asphaltierte Fahrstraße führt uns durch ein großflächiges Waldgebiet konsequent abwärts. Wir passieren einen kleinen Teich mit Schutzhütte. Links plätschert die Weiße Sehma, die wir überqueren, und 150 m später geht links ein Pfad zur Sachsentanne. Hier stand ehemals die mehr als 250 Jahre alte und 38 m hohe Sachsentanne, die aber bereits 1932 wegen Fäulnis gefällt werden musste. Vor einigen Jahren wurde ein neuer Baum gepflanzt. Man hat direkt neben der **Sachsentanne** ❹ einen gemütlichen Rastplatz eingerichtet. 200 m weiter steht die Schutzhütte Vierenstraße. Es folgt die Jugendherberge Vierenstraße. Nach weiteren 250 m geht die Straße an einer Kreuzung

WANDERN IM ERZGEBIRGE / TOUR 6

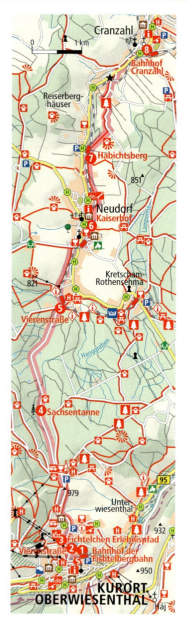

in einer Rechtskurve direkt zum Haltepunkt **Vierenstraße** 5. Links vor dem Bahnübergang biegen wir auf den Erlebnispfad Bimmelbahn ein. Dessen Wegweiser werden uns bis zum Ziel begleiten.

Wir wandern die Fahrstraße entlang. Wo diese links abbiegt, bleiben wir auf dem Wanderweg Erlebnispfad links von der Bahntrasse. Immer wieder treffen wir auf Bänke mit „Bahnblick". Wir erreichen eine Informationstafel Fichtelbergblick. Von hier hat man einen wirklich guten Blick auf Sachsens höchsten Berg und erhält außerdem einen kurzen Abriss zur Geschichte des Berges und seiner Häuser. Wir gehen in Richtung Ortszentrum Neudorf. Die Bahn-

SÜDEN / OBERWIESENTHAL

trasse führt in eine Rechtskurve, wir bleiben auf unserem Weg geradeaus, bis er auf die Siebensäurestraße trifft. Auf ihr gehen wir rechts und nach 100 m weiter rechts über die Sehma-Brücke zur Karlsbader Straße. Hier wandern wir links in Richtung **Kaiserhof** ❻, jedoch vor dem Kaiserhof scharf rechts in Richtung Bahnhof Neudorf. Vor dem Bahnhof führt der Erlebnispfad nach links, kreuzt nach 150 m die Bahntrasse und verläuft ein Stück oberhalb der Gleise. Danach wechselt der gut ausgeschilderte Weg ab und zu die Seite. Es gibt immer wieder Bänke, die speziell für die Wünsche von Dampflockfans platziert wurden. Nach dem Haltepunkt Unterneudorf wandern wir auf dem Erlebnispfad rechts über die Schienen in den Wald hinein. Der Weg entfernt sich von der Bimmelbahn und führt unterhalb des **Habichtsbergs** ❼ weiter. Am Waldrand erreicht er seinen höchsten Punkt. Unweit davon treffen wir auf eine Asphaltstraße, der wir nach links in Richtung Cranzahl folgen. Sie schwenkt im weiten Bogen in den Ort. Der Fahrweg überquert die Bahntrasse und stößt im Ort auf die Karlsbader Straße, auf die wir rechts abbiegen. Nach etwa 600 m unterqueren wir die Bahnstrecke und gehen rechts auf der Bahnhofstraße zum **Bahnhof Cranzahl** ❽, wo sich die Normalspur der Zschopautalbahn und die Schmalspur der Fichtelbergbahn treffen.

▶ *Fichtelbergbahn in Cranzahl.*

WANDERN IM ERZGEBIRGE / TOUR 7

7 Erzgebirge ganz oben

TOURINFO KOMPAKT

Anspruch:	Länge:	Dauer:	Höhenmeter:
mittel	12,9 km	3:45 Std.	▲ 480 ▼ 480

Grenzüberschreitende Wanderung von der höchsten Stadt Deutschlands hinauf zum höchsten Gipfel des Erzgebirges.

Ausrüstung: Wanderschuhe, Sonnenschutz, Getränke

Anfahrt mit dem Auto: Von Chemnitz über Annaberg-Buchholz auf der B95

Anfahrt mit Bus & Bahn: Bus von Chemnitz über Annaberg-Buchholz, Linie 210/411. Per Bahn: Von Chemnitz bis Cranzahl mit der Zschopautalbahn, Linie 517, von Cranzahl mit der Fichtelbergbahn nach Oberwiesenthal, Linie 518.

Ausgangspunkt: Bahnhof Oberwiesenthal
50° 25' 15,5"   12° 58' 19"
33U   RW 355934   HW 5587404

Einkehr: Hotel St. Hubert, Bozi Dar 22, 36262 Bozi Dar, Tel.: 0 04 20 / 7 74 / 99 03 22, www.svaty-hubert.cz, tgl. ab 11 Uhr.

Vom 🅢 Bahnhof wandern wir rechts auf die Poststraße und dann am Straßen-T nach links auf die Vierenstraße. Auf ihr passieren wir einige Kreuzungen, bis wir an die Zechenstraße kommen. Dort halten wir uns rechts. Nach gut 300 m zweigt rechts der Anton-Günther-Weg ab, der uns durch eine Kleingartensparte leitet und auf die B95 trifft. Wir überqueren die B95 und wandern vorbei an den beiden Wanderkarten zum Zechengrund und zum grenzüberschreitenden Anton-Günther-Weg leicht abwärts in den **Zechengrund** ❶. Er liegt, tief eingegraben zwischen den beiden „Großen" des Erzgebirges, in einem unter Naturschutz stehenden Kerbtal. Wie der Name bereits vermuten lässt, gab es hier mehrere kleine Zechen. Der Grund wird heute geprägt von Bergwiesen, Quellfluren und kleinen Waldstücken. Über längere Strecken führt der Weg dicht entlang der Tschechischen Grenze. Nach 150 m geht nach rechts ein Lehrpfadrundweg ab, der mit vielen Informationstafeln zur Flora und Fauna bestückt ist. Wir wandern in einer Rechtskurve um einen abgesperrten Bergwerkseinsturz zur B95. Steil und teils unwegsam schlängelt sich der Weg nach oben zur Straße. Auf der B95 gehen wir zur Grenzübergangsstelle. Von dort folgen wir dem Fußweg hinunter nach **Bozi Dar** ❷, wo das Grab des

SÜDEN / OBERWIESENTHAL

▶ *Wanderer im Zechengrund in Oberwiesenthal.*

erzgebirgischen Heimatsängers und –dichters Anton Günther liebevoll gepflegt wird. In der Ortsmitte gibt es nicht nur eine Informationstafel mit Wanderkarten, sondern auch zahlreiche Hotels und Gaststätten. Dort taucht der Rotstrich auf. Diesen Weg nehmen wir in Richtung Keilberg unter Liftanlagen und über Wiesen aufwärts. Er führt uns vorbei an verschiedenen Hütten, so an der **Neklidu-Hütte** ❸, von der man einen phantastischen Blick bis nach Karlsbad hat. Wir folgen dem Rotstrich. Meist ist es ein kleiner Weg, der auch als Mountainbike-Strecke ausgeschildert ist. Zurück im Wald treffen wir auf einen von rechts

WANDERN IM ERZGEBIRGE / TOUR 7

kommenden, größeren Weg. Dort hat man auch den ersten freien Blick auf den Keilberg mit Sendeturm. Wir bleiben halblinks auf unserem Weg und an der nächsten Abzweigung geradeaus. Wir erreichen die Asphaltstraße zum **Keilberg** ❹, folgen der Straße 300 m nach rechts und verlassen sie in der Rechtskurve auf dem ausgeschilderten Rotstrich-Weg zum Gipfel. Wir erreichen den Gipfel und wenden uns hinter dem Sendeturm links. Derzeit scheinen die Gebäude auf dem Berg zu zerfallen. Das etwas abseits gelegene Sporthotel ist ausgeschildert. Nachdem wir den Turm hinter uns gelassen haben, halten wir uns an den kleinen Holzhäusern rechts und folgen der steilen Abfahrtsstrecke. Nach einiger Kraxelei stoßen wir auf einen am Berghang entlangführenden Fahrweg. Wir wechseln auf ihn nach rechts, unterqueren die Trasse des Sessellifts und kommen nach ca. 200 m an die nächste Abfahrts-

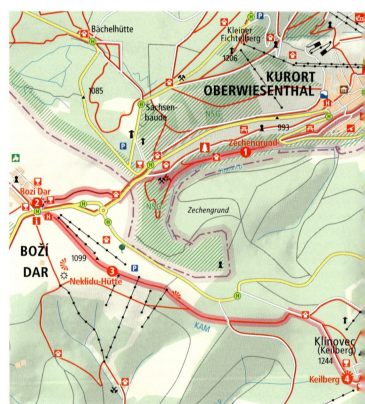

SÜDEN / OBERWIESENTHAL

schneise. Dort folgen wir auf dem Rotstrich-Weg der Abfahrt nach links unten.
Im Wald liegt das **Café Kalahari** ❺. Wir treffen auf die kleine Zufahrtsstraße zum Café, gehen sie links und dann weiter talwärts. Dort wartet ein Panoramablick auf Oberwiesenthal mit dem Fichtelberg. Der Weg erreicht 300 m später eine Straße. Wir folgen ihr 250 m nach rechts und wechseln an der Kreuzung auf die Straße links, die wir nach weiteren 50 m, wieder links, auf einer Nebenstraße hinter uns lassen. Diese Straße führt, begleitet von einer herrlichen Aussicht auf Oberwiesenthal, ins Tal nach **Loucná** ❻. Am Ortseingang passieren wir das Restaurant „Anna" und gehen weiter zum Fußgängerübergang. Nachdem wir den Grenzübergang und die B95 überquert haben, nehmen wir den Weg geradeaus zurück in die Stadt zum Bahnhof.

▶ *Funkturm auf dem Keilberg.*

WANDERN IM ERZGEBIRGE / TOUR 8

8 Hoch hinauf, tief hinab

TOURINFO KOMPAKT

Anspruch:	Länge:	Dauer:	Höhenmeter:
mittel	17,5 km	4:00 Std.	▲ 520 ▼ 520

Die Greifensteine sind die bekanntesten Kletterfelsen der Region und ein toller Aussichtspunkt. Im Besucherbergwerk Zinngrube geht es dagegen unter die Erde.

Ausrüstung: Wanderschuhe, Getränke

Anfahrt mit dem Auto: Von Annaberg-Buchholz auf der B95 in Richtung Chemnitz durch Schönfeld dann auf der Höhe links nach Geyer.
Anfahrt mit Bus & Bahn: Von Annaberg-Buchholz nach Geyer/Busbahnhof, Linie 432.

Ausgangspunkt: Postdistanzsäule am Markt in Geyer
50° 37′ 23,5″   12° 55′ 25,5″
33U   RW 353140   HW 5609981

Einkehr: Berghotel Greifensteine, Greifensteinstraße 42, 09427 Ehrenfriedersdorf, Tel.: 03 73 46 / 12 34, www.berghotel-greifensteine.de, tgl. ab 11 Uhr.

Blickfang am **S Altmarkt in Geyer** ❶ ist die Postdistanzsäule. Von ihr starten wir rechts auf der Ehrenfriedersdorfer Straße aufwärts. Nach etwa 200 m treffen wir auf die erste Abzweigung mit Rotstrich zu den Greifensteinen in Richtung Schlegelberg. Am Waldrand erreicht er einen Gedenkstein für die beiden Geyerischen Heimatdichter, die Brüder Karl Hans und Manfred Pollmer. Dort halten wir uns rechts und gehen den Weg über die Walterhöhe, der erst oberhalb der Schanzen entlangführt und dann an einer blau gekennzeichneten Skipiste ins Greifenbachtal abfällt. Am Röhrgraben wechseln wir auf den Weg nach links, der am Graben talaufwärts in Richtung Geifenbachstauweiher geht. Am **Geyerischen Stollen** ❷ gibt es zahlreiche Sitzmöglichkeiten. Der idyllische Waldweg trifft unterhalb des Stausees auf einen Rastplatz und erreicht etwa 300 m weiter halbrechts die Straße am Stauweiher. Der Weg zu den Greifensteinen ist gut ausgeschildert. Kurz vor dem Ziel kreuzt der Wanderweg eine Zufahrtsstraße, die man nach rechts nehmen sollte. Vorbei am **Berghotel** ❸ und zwischen den Felsen hindurch passieren wir die **Stülpnerhöhle** ❹ und orientieren uns am Albin-Langer-Weg. Am nächsten Rotstrich-Wegweiser beginnt der Weg in Richtung Ehrenfriedersdorf

MITTE / GEYER V

▶ *Detail Postdistanzsäule in Geyer.*

WANDERN IM ERZGEBIRGE / TOUR 8

abzufallen. Er wird begleitet von einem Natur- und Heimatlehrpfad mit verschiedenen Schautafeln und passiert eine Schutzhütte. Beschnitzte Baumstümpfe, z.B. ein Gesicht und eine Eule, sorgen für Abwechslung. Am Waldrand wartet erneut eine Hütte mit einer Wanderkarte. Der Weg verlässt den Wald und es öffnet sich der Blick auf Ehrenfriedersdorf. Wir halten uns links in Richtung Gaststätte

MITTE / GEYER

„Steinbüschel", schwenken jedoch noch vor ihr rechts ins Dorf hinunter. Die Steinbüschelstraße begleitet uns durch die Siedlung bis zur B95. Die B95 überqueren wir und gehen links vom Rathaus über einige Treppen aufwärts. Der Weg führt uns nun hinter dem Rathaus nach rechts. Nach der Kreuzung mit der Pochwerkstraße geht links ein kleiner Wanderweg zum **Besucherbergwerk Zinngrube** ❺ hinauf. Von dort bietet sich ein wirklich fantastischer Blick über den Ort. Vom Besucherbergwerk aus nehmen wir die Straße abwärts. In einer Rechtskurve verlässt sie links ein Wanderweg mit dem Gelbstrich, er führt hinter den Häusern an die B95 und überquert sie. Auf der anderen Straßenseite hält er sich vor dem Gewerbegebiet etwas oberhalb links. Er wechselt nach 300 m an den historischen, neu in Holz gefassten Röhrgraben und bleibt einige Kilometer parallel zum Graben. Er passiert erst den **Reicher-Silber-Troststollen** ❻ und erreicht dann den Greifenbachstollen mit zahlreichen bergmännischen Schaustücken. Ein liebevoll gepflegter, schmaler Weg führt vom Graben ins Greifenbachtal. Dort folgen wir der Ausschilderung nach Geyer und zu den Schanzen. Wir wandern unterhalb der Schanzen und dann hinter dem Schanzenauslauf entlang eines alten Bahndamms zurück nach Geyer. In Geyer trifft der Weg auf die Ehrenfriedersdorfer Straße abwärts zum Altmarkt. Eine kleine Straße, der Bingeweg, verlässt die Ehrenfriedersdorfer Straße nach links zur Binge: ein kurzer Umweg, den man noch „mitnehmen" sollte. Ansonsten führt die Straße direkt zum Startpunkt zurück.

WANDERN IM ERZGEBIRGE / TOUR 9

9 Erzgebirge im Kleinformat

TOURINFO KOMPAKT			
Anspruch: leicht	Länge: 13,4 km	Dauer: 3:30 Std.	Höhenmeter: ▲ 370 ▼ 370

Eine Kombination aus dem Erlebnis Kultur, Ausflügen in die Tradition des Bergbaus und einem Besuch beim Erzgebirge im Mini-Format.

Ausrüstung: Wanderschuhe, Sonnenschutz, Getränke

Anfahrt mit dem Auto: von Schwarzenberg auf der S270 über Beierfeld bzw. von Aue auf der S222 über Bernsbach.

Anfahrt mit Bus & Bahn: Vom Busbahnhof Schwarzenberg bis Grünhain/Warte, Linie 342/375, von Aue nach Grünhain/Warte, Linie 375

Ausgangspunkt: Markt in Grünhain
50° 34′ 42,5″   12° 48′ 26,5″
33U   RW 344761   HW 5605246

Einkehr: Hotel „Köhlerhütte-Fürstenbrunn", Am Fürstenberg, 08344 Grünhain-Beierfeld OT Waschleithe, Tel.: 0 37 74 / 1 59 80, tgl. ab 11 Uhr, www.koehlerhuette.com

Am 🅢 Markt in Grünhain neben der **Nikolauskirche** ❶ gibt es reichlich Parkplätze. Von dort gehen wir die Treppen nach unten auf die Auer Straße und folgen dieser links. Nach ca. 350 m biegen wir links auf den Brunnenweg ab, der uns aufwärts führt. In der folgenden scharfen Linkskurve wechseln wir rechts hinter dem Wohnblock auf einen Pfad, der uns zu einer Straße bringt, die parallel zu den Wohnblöcken zwischen diesen durch die Siedlung verläuft. Diese Straße am Spiegelwald trifft hinter dem letzten Wohnblock auf den Turmweg, auf dem wir in Richtung Waldrand wandern. Vom Waldrand gehen wir auf dem Fahrweg durch den Wald zum 1999 neu errichteten **König-Albert-Turm** ❷ mit seinem Panoramablick auf das Obere Erzgebirge. Von dort wandern wir, entgegen dem direkten Wegweiser nach Waschleithe, rechts am Turm vorbei auf die Zufahrtsstraße und folgen ihr bis zum Waldrand. Dort trennen wir uns von der Straße und biegen links in einen Wanderweg ein, der abwärts führt. Sporadisch weist ein Grünstrich die Richtung. Der Weg wird zum Pfad, führt in den Wald, schlängelt sich durch den Wald und gelangt parallel zum Bahndamm der ehemaligen Strecke von Zwönitz auf einen Wanderweg. Dort nutzen wir den Panoramaweg in Richtung Beierfeld. Nach ca. 10 min. treffen wir auf den ehemaligen **Bahnhof Beierfeld**

NORDEN / GRÜNHAIN

HOTEL UND RESTAURANT KÖHLERHÜTTE – FÜRSTENBRUNN

Täglich geöffnet ab 11 Uhr

- 20 komfortable Zimmer
- gemütliche Restaurantstuben
- historische Köhlerstube
- Sauna, Infrarot-Thermium, Massagen, Solarium
- E-Bike-Verleih
- zahlreiche Wanderwege und Sehenswürdigkeiten in der Nähe

Hotel und Restaurant
Köhlerhütte – Fürstenbrunn
Am Fürstenberg 7
08344 Grünhain-Beierfeld
OT Waschleithe
Tel.: 0 37 74 / 15 98-0
info@koehlerhuette.com
www.koehlerhuette.com

❸ und folgen der Pflasterstraße geradeaus bis auf die Schwarzenberger Straße. Wir überqueren die Straße und gehen entsprechend der Wegweiser Richtung Waschleithe mit Gelbstrich weiter. Der Weg führt nun mit dieser Ausschilderung durch die Gartenanlage. Hinter den Häusern rechts, nächste Querstraße links, nach 30 m erneut rechts, auf Gelbstrich wieder links in Richtung Waschleithe. Auf dem Weg verlassen wir die Siedlung und treffen wenig später auf die Raschauer Straße. Sie begleitet uns talwärts. Dort, wo die Straße aus dem Wald heraustritt, steht rechts eine Bank mit einem herrlichen Blick aufs Erzgebirge. Etwa 800 m später kreuzt diese die Verbindungsstraße Beierfeld-Waschleithe. Wir bleiben geradeaus, nun rechts

auf dem parallel zur Straße verlaufenden Fußweg. Nach weiteren 500 m verlassen wir in der Linkskurve diesen Asphaltweg und nehmen einen schmalen Feldweg geradeaus. Dieser **Kutschenweg** ❹ startet an einer Rotstrichmarkierung. Am Waldrand führt der Pfad in einem Linksbogen in den Wald und dort weiter nach unten. Wir stoßen auf die Zufahrtsstraße zum Hotel Köhlerhütte-Fürstenbrunn und verlassen den Wald, um wenige Schritte weiter rechts erneut auf einem Pfad Rotstrich/EB in den Wald zu wechseln. Nach 200 m erreichen wir im Tal eine kleine Brücke über den Oswaldbach. Von dort kommen wir zur Grünhainer Straße. Auf ihr wandern wir links in Richtung Waschleithe. Wir passieren das Ortsschild und gelangen nach 300 m an die Ruinen der Oswaldkirche. Dort treffen wir wieder auf die Straße vom Hotel Köhlerhütte. Zum **Schaubergwerk Frisch Glück** ❺ ist ein Abstecher nach links nötig. Wir nehmen die Straße Am Fürstenbrunn mit Ziel Heimatecke. Der Weg führt als asphaltierte Fahrstraße durch eine Siedlung, passiert die Friedhofskapelle und verläuft dann weiter durch Wiesen und Felder zur Kreuzung Beierfelder Straße. Wir bleiben oberhalb des Dorfes auf der Hinterdorfer Straße. Dort, wo diese sich anschickt, schwungvoll ins Tal zu wechseln, geht hinter dem letzten Haus ein kleiner Pfad steil abwärts, der direkt im **Freilichtmuseum**

Heimatecke ❻ heraus kommt. Seit 1961 zeigen hier Heimatfreunde das Erzgebirge in Miniaturformat. Wir wandern auf der Talstraße links bis zum Hotel Osterlamm. Dahinter ist der **Natur- und Wildpark** ❼. In Höhe des Osterlamms verlassen wir das Tal auf dem Röhrenweg, der links hoch in den Wald führt. Über weite Serpentinen führt er aufwärts

NORDEN / GRÜNHAIN

und trifft unweit einer Bank auf eine Gedenktafel an den Mühlbachtannen. An der folgenden Gabelung bleiben wir geradeaus. Der Weg verlässt den Wald und verläuft oberhalb des Fischbachtals am Waldrand. An der Friedhofskapelle erreichen wir wieder Grünhain. Wir wandern auf dem Röhrenweg weiter, bis wir auf die Schwarzenberger Straße treffen. Diese überqueren wir und folgen ihr rechts, vorbei an der **Bronzeplastik Mönch** ❽, die an die Geschichte des Klosters Grünhain erinnert, in die Ortsmitte. Dort, wo rechts die Zwönitzer Straße abgeht, nehmen wir einen kleinen Weg nach links, der auf die Hospitalgasse trifft. Wir gehen hinter der Kirche zurück zum Markt.

WANDERN IM ERZGEBIRGE / TOUR 10

10 Auf Anton Günthers Spuren

TOURINFO KOMPAKT

Anspruch:	Länge:	Dauer:	Höhenmeter:
mittel	17,3 km	4:30 Std.	▲ 540 ▼ 540

Die Wanderung führt durch eine für das Obere Erzgebirge sehr typische Landschaft und auf dem Rückweg durch das Tal eines kleinen Baches unweit der Grenze zur Tschechischen Republik.

Ausrüstung: Wanderschuhe, Getränke, Brotzeit

Anfahrt mit dem Auto: Von Schwarzenberg auf der B101 bis Raschau und dann rechts, von Annaberg-Buchholz auf der B101 bis Raschau und dann links oder auf der B95 bis Kurort Oberwiesenthal und dann rechts Richtung Tellerhäuser.

Anfahrt mit Bus & Bahn: Von Schwarzenberg bis Rittersgrün/Halbmeilerstraße, Linie 330. Von Kurort Oberwiesenthal bis Rittersgrün/Halbmeilerstraße, Linie 414.

Ausgangspunkt: Bushaltestelle Rittersgrün
50° 27' 42"   12° 48' 50,5"
33U   RW 344850   HW 5592246

Einkehr: Gaststätte „Tellhäuser Hof", Am Grenzhang 4, 08359 Breitenbrunn OT Tellerhäuser, Tel.: 03 73 48 / 85 85, www.erzgebirgs-ferien.de. Tgl. von 11.30 – 15 Uhr und von 17 – 20 Uhr, Mi Ruhetag.

Von der ⓢ **Bushaltestelle Rittersgrün/Halbmeilerstraße** ❶ gehen wir die Karlsbader Straße links in Richtung Ortsmitte. Wir passieren links die Halbmeilerstraße und eine Wanderkarte mit dem Anton-Günther-Weg und wechseln nach 100 m rechts in die Kunnersbachstraße, auf der wir erst das Pöhlwasser überqueren und dann, leicht ansteigend, in Richtung Wald wandern. Nach ca. 150 m kommen wir an eine Weggabelung, an der wir uns rechts halten. Es folgt der Rastplatz „An der Köhlerhütte". Wir folgen dem Wegweiser, der auf die Altpöhlaer Straße verweist, passieren linker Hand eine Kneippanlage, halten uns an der nächsten Gabelung halbrechts und erreichen eine Bank mit Informationstafel zum Wild im heimischen Wald. An dieser Gabelung halten wir uns halblinks. Begleitet vom Grünstrich wandern wir am **Kunnersbachteich** ❷ vorbei. Dieser Weg nennt sich die Alte Fünf und führt zu einer Kreuzung mit Schutzhütte. Hier nehmen wir die Straße rechts in Richtung Tellerhäuser. Wir sind nun mit der Rotstrich-Markierung unterwegs auf dem Rundwanderweg Pöhlwassertal.

SÜDEN / RITTERSGRÜN

Jetzt geht es richtig straff bergauf. Auf dem höchsten Punkt angekommen, wartet eine gemütlich eingerichtete Schutzhütte. Wir bleiben auf der Altpöhlaer Straße nach rechts. 800 m weiter treffen wir auf die Kreuzung am Dreiberg. Die Straße biegt nach links ab, wir gehen geradeaus in Richtung Höllgrund. Der Weg schlängelt sich, begleitet vom Gelbstrich, ins Tal hinab. Im **Tal des Höllbach** ❸ gehen wir über eine kleine Brücke und am Gegenhang wieder steil aufwärts. Auf dem Berg kreuzen wir den Klöppelweg und verlassen nach 100 m den Wald, um über Wiesen und Weiden nach Tellerhäuser zu wandern. Dabei öffnet sich ein weiter Blick auf das malerisch an den Berghängen liegende Dorf. An der Bäckerei Siegel erreicht der Wiesenweg die Oberwiesenthaler Straße, die wir überqueren und auf der Gegenseite die Straße Am Grenzhang ansteuern. Dort lädt eine kleine Parkanlage zur Rast ein. Es gibt Bänke, einen Spielplatz, Wanderkarten, Schautafeln, einen Schwibbogen und das **Stollenmundloch Tellerhäuser** ❹. Wir gehen die Straße hoch und nehmen die erste Querstraße rechts.

▶ *Weide bei Tellerhäuser.*

Damit befinden wir uns auf einem Teilabschnitt des grenzüberschreitenden Anton-Günther-Weges, auf dem der bekannte Heimatsänger selbst oft auf Schusters Rappen unterwegs war. Die Markierung für den Anton-Günther-Weg ist der Blaustrich. Der Weg führt in den Wald. Nach etwa 300 m halten wir uns an einer Gabelung rechts. Wir kommen an den Klingelbach, aus dem später das Pöhlwasser wird. Wir überqueren den Bach und hal-

WANDERN IM ERZGEBIRGE / TOUR 10

ten uns nach der Brücke links. Eine knappe Stunde nachdem wir Tellerhäuser verlassen haben, erreichen wir eine Wanderhütte mit einer Informationstafel zum Bergbaulehrpfad Rittersgrün/Pöhla. Hier ist das alte Mundloch des Fuchslochstolln am Kaffenberg, der vermutlich im 15. Jahrhundert angeschlagen wurde. Ein paar Schritte entfernt steht der **Wettinbrunnen** 5 und ein wenig abseits eine Gedenktafel für Anton Günther.

Wir bleiben auf diesem Weg, der den Wald verlässt und am Waldrand oberhalb des Baches und

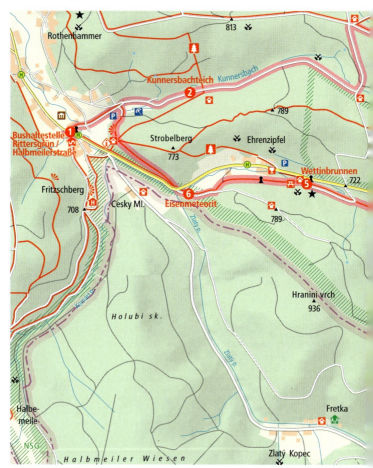

SÜDEN / RITTERSGRÜN

des Rittersgrüner OT Ehrenzipfel weiterzieht. Nach 200 m führt er erneut abwärts. Hier treffen wir auf den Platz, an dem 1813 ein mehr als 85 kg schwerer **Eisenmeteorit** ❻ gefunden wurde. Wir erreichen im OT Ehrenzipfel die Verbindungsstraße zwischen Tellerhäuser und Rittersgrün. Wir überqueren die Straße, folgen ihr nach links in die Rechtskurve und nehmen dann den kleinen Wanderweg, der rechts den Hang hinaufführt. Über diesen Weg gelangen wir unterhalb des Freibades zur Kunnersbachstraße und zurück zum Ausgangspunkt.

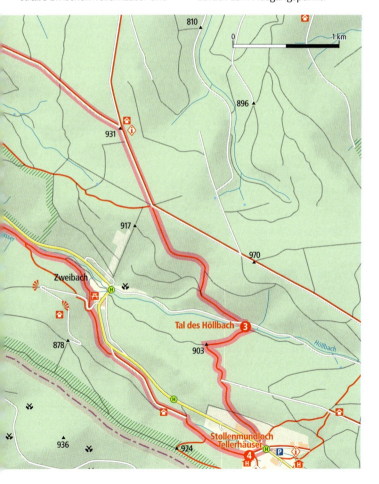

WANDERN IM ERZGEBIRGE / TOUR 11

11 Hochmoor und Aussichtsberg

TOURINFO KOMPAKT			
Anspruch: leicht	**Länge:** 16,4 km	**Dauer:** 4:00 Std.	**Höhenmeter:** ▲ 430 ▼ 430

Eine Wanderung, die unterschiedliche landschaftliche Schwerpunkte setzt – zum Beispiel mit dem Hochmoor Kleiner Kranichsee und dem Aussichtspunkt Auersberg.

Ausrüstung: leichte Wanderschuhe, Wasser

Anfahrt mit dem Auto: Von Schwarzenberg über Erlabrunn zum Platz des Bergmanns.

Anfahrt mit Bus & Bahn: Mit dem Bus: Von Aue über Schwarzenberg nach Johanngeorgenstadt/Platz des Bergmanns, Linie 334. Mit dem Zug: Von Zwickau über Aue und Schwarzenberg zum Bahnhof Johanngeorgenstadt, Linie 535, vom Bahnhof zum Platz des Bergmanns mit Buslinie 348.

Ausgangspunkt: Platz des Bergmanns in Johanngeorgenstadt
50° 25' 57" 12° 42' 49"
33U RW 337624 HW 5589218

Einkehr: Berggasthof Auersberg, Auersbergweg 8, 08309 Eibenstock, Tel.: 03 77 52 / 69 92 58, www.berggasthof-auersberg.de, täglich ab 11 Uhr, Mi/Do Ruhetage.

Am **Platz des Bergmanns** ❶ beginnen wir unsere Wanderung. Von hier gehen wir die Schwefelwerkstraße abwärts, die rechts um den Platz herumführt. Nach ca. 400 m biegen wir nach links in die Auenstraße ab. Wir folgen ihr vorbei am Parkplatz des **Museums Pferdegöpel** ❷ auf dem Gelbstrich in den Wald. Vor dem Gästehaus „Erzgebirgskamm" geht die asphaltierte Straße in einem Rechtsschwenk weiter hinunter in den Wald. Im Wald sieht man das Naturfreibad zwischen den Bäumen schimmern. Wir folgen dem Weg, der zum Henneberge Flügel wird. Nach 20 Min. kommen wir zu einer Schutzhütte mit einer Schautafel zum Wald. Seinen höchsten Punkt erreicht der Henneberger Flügel nach einem weiteren Kilometer, bevor er auf die Eisenstraße trifft. An diesem Wege-T halten wir uns links. Nach 150 m geht rechts ein Pfad ab, der uns ins **Hochmoorgebiet des NSG Kleiner Kranichsee** ❸ begleitet. Der letzte Abschnitt des Pfades führt über einen Knüppeldamm und endet an einem hölzernen Aussichtsturm über dem Moorgebiet. Das Naturschutzgebiet Kranichsee hat, wie man sieht, weder etwas mit Kranichen, noch etwas mit einem See zu tun. Man nimmt an, dass es in vergangenen Zeiten einen grö-

SÜDEN / JOHANNGEORGENSTADT

▶ *Gaststätte und Pension Henneberg im Naturschutzgebiet Kranichsee.*

ßeren See gab, dessen Reste jetzt das Hochmoor bilden. Der Pfad führt zurück auf die Eisenstraße Richtung Auersberg. Nach ca. 600 m trifft sie auf eine Kreuzung mit einer Schutzhütte. Wir wechseln erst links auf den Butterweg und an der sich anschließenden Gabelung nach rechts auf den Lorenzweg in Richtung Sauschwemme. Nach 1,4 km stößt er auf den Mittelflügel. Ihm folgen wir nach rechts. Nach reichlich 1 km erreichen wir die **„Sauschwemme"** ❹. Dort überqueren wir die Verbindungsstraße zwischen Steinbach und Wildenthal und wandern auf dem Mittelflügel weiter in Richtung Auersberg. Der Mittelflügel führt uns allmählich bergauf. Wir bleiben auf dem Weg zum Auersberg. Hinter den Häusern, die zur Sauschwemme gehören, beginnt links, parallel zur Straße, ein Wanderweg. Nach 200 m wartet eine Schutzhütte. Ihr folgt ein gemütlicher Rastplatz. 300 m weiter, dort wo die Straße eine leichte Rechtskurve ausführt, steht die nächste Schutzhütte. Hier werden wir später zum Kleinen Stern wandern. Vorerst bleiben wir geradeaus und wechseln nach 100

WANDERN IM ERZGEBIRGE / TOUR 11

m auf den Wanderweg. Die Straße biegt rechts ab. Dieser Wanderweg führt uns gerade und recht steil die letzten Meter auf den **Auersberg** ❺. Auf dem Auersberg gibt es neben der Gaststätte zahlreiche Picknickmöglichkeiten, Informationstafeln und einen Kinderspielplatz. Vom Turm aus öffnet sich ein beeindruckendes Panorama des westlichen Erzgebirges. Wir nehmen vom Auersberg den gleichen Weg abwärts bis zur ersten Schutzhütte und gehen dort links auf den Fahr-

SÜDEN / JOHANNGEORGENSTADT

weg zum Kleinen Stern Richtung Steinbach. Auf diesem Fahrweg stoßen wir nach 1 km an einem Wege-T auf einen Querweg. Nach weiteren 50 m erreichen wir links den Kleinen Stern mit Schutzhütte und Bänken. Wir wandern rechts auf den mit Blaustrich markierten Auersbergweg, der gleichzeitig ein Teilstück des Kammweges bildet. Am Waldrand biegen wir mit dem Weg nach links ab. Hier haben wir einen ersten **Blick auf Steinbach** ❻. In einer weiten Rechtskurve erreicht der Weg nach weiteren 500 m die Sosaer Straße, die uns rechts durch den Ort begleitet. Wir gehen über die Steinbachbrücke nach links zum Gasthof des Ortes. Dort überqueren wir die Eibenstocker Straße und wandern auf der Eisenstraße, einem breiten Forstweg, weiter. Wir erreichen danach die Abzweigung des Erzengelweges nach links. Auf ihm wandern wir zurück nach Johanngeorgenstadt. Am Waldrand kreuzen wir die Kammloipe. An den ersten Häusern wird aus dem Fahrweg eine Straße. Ihr folgen wir in Richtung Stadtzentrum zurück zum Ausgangspunkt.

▶ *Besucher-Begrüßung am Auersberg.*

WANDERN IM ERZGEBIRGE / TOUR 12

12 Das Pumpspeicherwerk Markersbach

TOURINFO KOMPAKT

Anspruch:	Länge:	Dauer:	Höhenmeter:
mittel	24,9 km	7:00 Std.	▲ 800 ▼ 800

Menschlicher Erfindergeist hat auch das Erzgebirge verändert. Landschaft gestaltet von der Natur und verändert durch Menschenhand – Natur und Technik.

Ausrüstung: Wanderschuhe, Sonnenschutz, Getränke, Verpflegung

Anfahrt mit dem Auto: Von Annaberg-Buchholz und von Aue auf der B101.

Anfahrt mit Bus & Bahn: Von Annaberg-Buchholz und Aue mit der Linie 415 und von Chemnitz mit der Linie 211.

Ausgangspunkt: Busbahnhof Schwarzenberg
50° 32' 39"   12° 47' 21,5"
33U   RW 343369   HW 5601470

Einkehr: Erzgebirgischer Landgasthof „Vugelbeerschänk"
Hauptstraße 32, 08340 Schwarzenberg OT Pöhla, Tel.: 0 37 74 / 8 60 12
www.vugelbeerschaenk.de, Mo bis Fr ab 17 Uhr, Sa/So ab 11 Uhr, Mo Ruhetag.

Gegenüber den Abfahrtständen am 🚌 **Busbahnhof Schwarzenberg** ❶ starten wir auf der Fußgängerbrücke über das Schwarzwasser. Der Weg erreicht die Straße, die wir überqueren. Dann folgen wir der B101 Richtung Annaberg. Nach etwa 300 m gehen wir an der Ampel links auf die Elterleiner Straße. Auf ihr überqueren wir die Große Mittweida, vor der Eisenbahnbrücke sofort wieder links über den Schwarzbach. Dann unterqueren wir die Brücke und wandern den Graulsteig bergauf. Nachdem der Graulsteig die letzten Häuser hinter sich gelassen hat, öffnet sich ein weiter Blick über Schwarzenberg. Im Wald angekommen, lädt der Rastplatz „Bienenhaus" zu einer kurzen Pause. Hinter dem ehemaligen **Huthaus Gottesgeschick** ❷ des früheren Erzabbaureviers Graul verlassen wir den Hauptweg und folgen einem Wanderpfad nach rechts, der auf die Grünhainer Straße trifft. Wir gehen die Grünhainer Straße rechts in Richtung Gasthof St. Katharina. Dort überqueren wir die Straße und folgen der Elterleiner Straße Richtung Langenberg. Nach etwa 100 m verlassen wir die Straße nach rechts und wandern auf einer kleinen Siedlungsstraße bergauf. Rechts passieren wir die **Reste historischer Kalkbrennöfen** ❸. Auf der Höhe trifft unser Wanderweg auf die Mühlenstraße.

WESTEN / SCHWARZENBERG

▶ *Blick auf Markersbach mit dem historischen Eisenbahnviadukt.*

Wir gehen diese Straße nach links. 50 m weiter verlässt sie nach rechts der Emmlerweg, dem wir etwa 4 km folgen. Etwa 1 km nachdem wir die Eisenbahnstrecke überquert haben, wechseln wir vom Emmlerweg nach rechts in Richtung Markersbach. Diese Fahrstraße erreicht in **Markersbach** ❹ die B101. Wir gehen die Bundesstraße etwa 70 m nach links und dann rechts in die Bergstraße. Ab jetzt begleitet uns die Markierung E3 des Europäischen Fernwanderweges. Die Straße erreicht die Staumauer des Unterbeckens. Wir überqueren die Staumauer. Dort befinden sich umfangreiche Informationstafeln über das **Pumpspeicherwerk Markersbach** ❺. Der E3 führt nach links, dabei folgt er erst der Straße, die er nach 700 m in den Wald verlässt Nun führt er steil und recht anstrengend nach oben. Wir wandern in Richtung **Dammkrone des Oberbeckens** ❻. Unterhalb der Dammkrone gehen wir nach links zum Aufstieg. 160 Stufen bringen uns auf die Krone, wo Bänke die Möglichkeit bieten, einen der schönsten Blicke auf das Mittelgebirge zu genießen. Wir gehen einige hundert Meter auf der Dammkrone nach recht, wo eine

WANDERN IM ERZGEBIRGE / TOUR 12

▶ Vugelbeer-schänke in Pöhla.

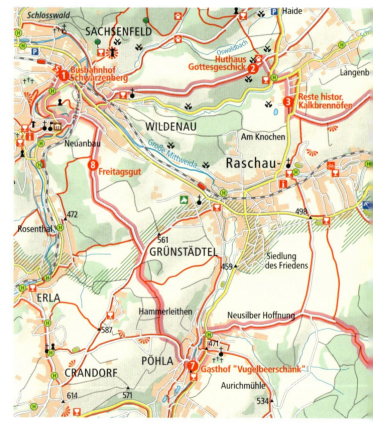

WESTEN / SCHWARZENBERG

Windrose Auskunft über die Berge der Umgebung gibt. Von dort führt die Fahrstraße der Dammkrone nach unten. Wir folgen ihr am Fuß der Dammkrone nach links. Nach 200 m biegt der E3 rechts ab und führt als schnurgerade Schneise abwärts. An der zweiten Kreuzung halten wir uns halbrechts weiter abwärts und orientieren uns dann am Wegweiser Almhof. Unser Weg wird zum Pfad, der sich steil und steinig hinunterschlängelt. Wir kommen wieder auf einen „richtigen" Wanderweg, überqueren an einer Bank das Wernitzbächel und folgen nun dem Kalkofenweg nach Pöhla. An den ersten Häusern wird aus dem Wanderweg eine Straße. Im Tal angekommen, schwenken wir auf der Raschauer Straße nach links. Vor dem **Gasthof „Vugelbeerschänk"** ❼ verlassen wir die Straße nach rechts über den Pöhlabach. Hinter der Brücke wieder rechts, vorbei an einem Lagerhaus, hinter dem Haus links und dann in einem Bogen halbrechts auf den Schäferweg. Nach etwa 300 m folgen wir rechts einem Wanderweg, der als Blaustrich durch Felder und Wiesen weiter aufwärts strebt. Wir passieren ein Wäldchen mit Bank. Von dort führt der Weg rechts hinunter zur Straße nach Schwarzenberg. Wir nutzen die Straße etwa 100 m nach rechts, ehe wir sie wieder nach links auf den Wanderweg verlassen. Den höchsten Punkt dieses Weges erreichen wir an einem Modellflugzeugplatz. Von dort führt der Weg zum **Freitagsgut** ❽.
Aus dem Feldweg wird eine Fahrstraße, die in einer Siedlung auf die Alte Annaberger Straße stößt. Dieser folgen wir nach links. Hinter der Brücke über das Schwarzwasser wandern wir nach rechts, treffen auf die Karlsbader Straße, die wir an der Ampel überqueren und passieren nach rechts das Gelände des Kauflandes. Von hier geht es zurück zum Ausgangspunkt.

WANDERN IM ERZGEBIRGE / TOUR 13

13 Steinbachtalwanderung

TOURINFO KOMPAKT

Anspruch:	Länge:	Dauer:	Höhenmeter:
mittel	16,5 km	3:30 Std.	▲ 420 ▼ 420

Vorbei an naturbelassenen Bergwiesen führt die Wanderung entlang des Naturlehrpfads Steinbachtal.

Ausrüstung: festes Schuhwerk

Anfahrt mit dem Auto: aus Richtung Schwarzenberg oder Eibenstock über S272

Anfahrt mit Bus & Bahn:
Bahn: aus Rg. Zwickau mit der Erzgebirgsbahn bis Bahnhof Johanngeorgenstadt; Bus: aus Richtungen Schwarzenberg oder Eibenstock, Bushaltestellen: Platz des Bergmanns, Busplatz Neustadt, Bahnhof Johanngeorgenstadt

Ausgangspunkt: Pension Landhaus Sonnentau, Schwefelwerkstr. 34, 08349 Johanngeorgenstadt
50° 25' 53,5"   12° 41' 33,5"
33U   RW 336131   HW 5589156

Einkehr:
Riesenberger Häuser
Riesenberger Häuser 3
08309 Eibenstock
Tel.: 0 37 73 / 88 30 80;
Hotel Alte Schleiferei
Schulstraße 8, 08359 Erlabrunn
Tel.: 0 37 73 / 8 80 50
Gasthaus „Zur alten Pumpe",
Graupnerweg 1, 08359 Erlabrunn
Tel.: 0 37 73 / 5 80 48

An der 🅢 Pension Landhaus Sonnentau starten wir auf dem Erzengelweg in Richtung Auersberg. Nach ca. 1 km kreuzen wir die Eisenstraße und gehen diese bis zum Ortsteil Steinbach. Wir queren die Landstraße und die Brücke über den Steinbach, biegen in die Sosaer Straße ein und erreichen nach etwa 3 km die Riesenberger Häuser. Nach dem herrlichen Anblick einer naturbelassenen **Bergwiese** ❶ zweigt rechts der Milchbachweg ab und führt uns bis nach Erlabrunn. Nach einer Stärkung wandern wir auf dem Graubnerweg entlang des Naturlehrpfades durch das wildromantische Steinbachtal an den imposanten **Teufelssteinen** ❷ vorbei bis zur Schimmelwiese. Halten wir uns Richtung Forsthaus, gelangen wir wieder in den Ortsteil Steinbach. Hier gehen wir etwa 300 m bergan und achten auf den Abzweig Kupferschneise.
Sie bringt uns zurück auf die Eisenstraße und den Erzengelweg, an dessen Ende wir die Pension Landhaus Sonnentau wieder erreicht haben. Im Biergarten blicken wir zufrieden auf die gemeisterten 16 km zurück.

SÜDEN / JOHANNGEORGENSTADT

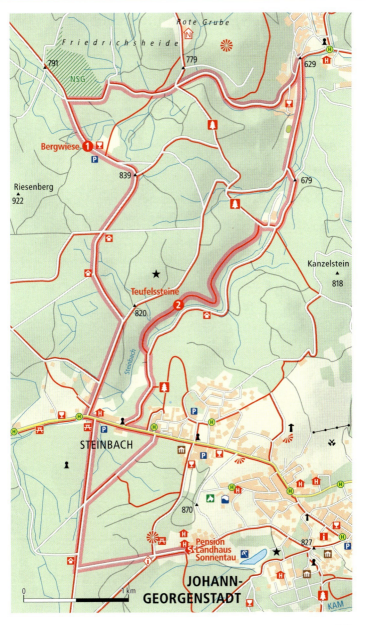

WANDERN IM ERZGEBIRGE / TOUR 14

14 Zwischen Bergbau und Prinzenraub

TOURINFO KOMPAKT

Anspruch:	Länge:	Dauer:	Höhendifferenz:
mittel	19,6 km	3:50 Std.	▲ 540 ▼ 540

Anspruchsvolle Wanderung, bei der die Themen Bergbau im Erzgebirge und der Sächsische Prinzenraub aus dem Jahr 1455 erwandert werden können. Auf dieser Tour wanderten begeisterte Wanderfreunde zum 103. Deutschen Wandertag im Jahr 2003.

Ausrüstung: keine spezielle Ausrüstung nötig, Wanderschuhe empfohlen

Anfahrt mit dem Auto: B 101 Beschilderung Bahnhof folgen, Parken auf P+R Fläche am Bahnhof

Anfahrt mit Bus & Bahn: Erzgebirgsbahn Zwickau – Aue – Schwarzenberg – Johanngeorgenstadt, Ausstieg: Bahnhof Schwarzenberg

Ausgangspunkt: Zug – und Busbahnhof Schwarzenberg
50° 32' 12,5"   12° 47' 12"
33U   RW 343158   HW 5600657

▶ *Idyllisches Schwarzenberg.*

WESTEN/SCHWARZENBERG V

▶ *Schöner Graulsteig.*

Vom S P+R-Parkplatz überqueren wir den Bahnhof, gehen über die Fußgänger-Steinbogenbrücke und orientieren uns an der rot-weißen Markierung mit dem Zusatz EB. Am Kreisverkehr angelangt, verlassen wir diesen Richtung Annaberg-Buchholz. An der Bäckerei vorbei und den Wildenauer Weg entlang sind wir auf der Straße Am Schlosswald angekommen. Hier wenden wir uns nach rechts. Der weitere Weg führt uns mit roter Markierung den Graulsteig hinauf, an der **katholischen Kirche** ① vorbei. Auf der Graulhöhe angekommen, geht es auf fast ebener Strecke dem Wald zu. Nachdem der Weg leicht abwärts führt, passieren wir das ehemalige Huthaus Gottes Geschick und kommen auf der Grünhainer Straße nach rechts zur Gaststätte St. Katharina. Hier biegen wir links auf die Elterleiner Straße nach Langenberg ab. Nach einigen Siedlungshäusern zweigt rechts die Mühlstraße in Richtung Raschau ab. Auf der Höhe biegen wir links in den Emmlerweg ein. Er hat eine grüne Strichmarkierung. Nach ca. 1,5 km stehen wir am Bahndamm der Strecke nach Annaberg. An

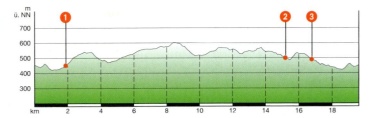

WANDERN IM ERZGEBIRGE / TOUR 14

dieser Stelle geht es links bergab, bis wir auf den EB stoßen. (Den gelb markierten Wanderweg, wie in vielen Karten noch eingezeichnet, gibt es leider nicht mehr.) Haben wir Schwarzbach erreicht, biegt unser Weg links ab in Richtung Ortseingang, von wo wir rechts ab auf den EB in Richtung Waschleithe stoßen und dann über den Mühlberg an die Gaststätte Osterlamm kommen. Von hier aus führt uns der Weg an der Heimatecke vorbei, die Hinterdorfer Straße entlang bis zur Straße am Fürstenberg. Beim **Schaubergwerk „Herkules Frisch Glück"** ❷ biegen wir nach links zur Köhlerhütte Fürstenbrunn ab. Auf historischem Boden erfahren dort die interessierten Wanderer mehr zur Entführung der sächsischen Prinzen anno 1455, auch bekannt als der sächsische Prinzenraub. Von hier aus geht es nun, der grünen Strichmarkierung folgend, durch den Wald in Richtung Schwarzenberg. Am Roten Schacht vorbei, in dessen Nähe sich eine **Schutzhütte** ❸ befindet, gelangen wir über den Seifenbach und auf der Oswaldtalstraße zurück nach Schwarzenberg. Über die Straße am Schlosswald und den Wildenauer Weg führt uns die Wanderung zurück zum Kreisverkehr an der B 101. Wir laufen am Feuerwehrdepot vorbei und erreichen wieder die Fußgängerbrücke und den Ausgangspunkt der Wanderung, den Bahn- und Busbahnhof Schwarzenberg.

WESTEN / SCHWARZENBERG V

▶ *Blick auf Schwarzenberg.*

VI RADWANDERN IM ERZGEBIRGE / TOUR 1

1 An der Mulde abwärts

TOURINFO KOMPAKT

Anspruch:	Länge:	Dauer:	Höhenmeter:
schwer	40,9 km	6:00 Std.	▲ 800 ▼ 1130

Erzgebirge pur. Nachdem die Route bis an die 1.000 m Marke auf den Auersberg geklettert ist, geht es eher geruhsam weiter Richtung Aue.

Ausrüstung: Regensachen, Getränke, Verpflegung

Anfahrt mit dem Auto: Anfahrt nach Aue von Chemnitz über die A72, Abfahrt Hartenstein über den Autobahnzubringer.

Anfahrt mit Bus & Bahn: Mit der Bahn von Zwickau über Aue nach Johanngeorgenstadt, Linie 535. Mit dem Bus von Stollberg nach Aue mit Linie 380.

Ausgangspunkt: Bahnhof Johanngeorgenstadt
50° 26′ 14,5″ 12° 43′ 42″
33U RW 338686 HW 5589726

Einkehr: „Zum Meiler"
An der Talsperre 3, 08326 Sosa
Tel.: 03 77 52 / 6 16 00
www.meiler-sosa.de
tgl. ab 11 Uhr.

Vom ⓢ **Bahnhof Johanngeorgenstadt** ❶ radeln wir zuerst über das Schwarzwasser in Richtung Hauptstraße. Von dort geht es links in Richtung Grenzübergang. Wir fahren auf dem Radweg EGRENSIS, der auf den kommenden Kilometern unser Begleiter sein soll.
Wir rollen nun rund 1 km auf der Wittigsthalstraße. Vor der Brücke über den Breitbach und dem dortigen Grenzübergang geht es nach rechts. Dort treffen wir auf das **Schaubergwerk Glöckl** ❷, einen interessanten Zeugen des Altbergbaus der Region. Nach einer Spitzkehre auf der Wittigsthalstraße biegen wir links in die Jugelstraße ein. Nach 700 m wechseln wir rechts in den Lehmergrund. Von hier geht es stetig bergan. An der Wegkreuzung Lehmergrundweg/Rodelbahn lohnt ein Abstecher zum Pferdegöpel. Rechts auf dem Gelbstrich sind es nur etwa 800 m. Danach biegen wir links ab auf die Auersbergstraße. Von dort wechseln wir in den Henneberger Flügel. Auf ihm kommen wir zur Hauptroute zurück. Vom Gasthof Henneberg geht es geradeaus weiter zum **Naturschutzgebiet „Kleiner Kranichsee"** ❸ Es ist eines der bedeutendsten Hochmoore des Erzgebirges. Ein Knüppeldamm führt zu einem kleinen Aussichtsturm im Moor. Wir radeln weiter zur Dreckpfütze. Kurz davor biegen wir links ab und gleich danach rechts auf den Lorenzweg. Nach

SÜDEN / JOHANNGEORGENSTADT VI

einer sanften Abfahrt erreichen wir den Mittelflügel, dem wir rechts bis zur Hauptstraße S272 folgen. Am Gasthaus „Sauschwemme" überqueren wir die Straße. Jetzt geht es geradeaus bis hinauf auf den **Auersberg** ❹. Vom Berg rollen wir etwa 1,5 km zurück, um dann links in Richtung Sosa zu fahren. Am kleinen Stern geht es links in Richtung Riesenberger Häuser. Nach weiteren 2 km kommen wir auf die Sosaer Straße. Von den Riesenberger Häusern können wir fast durchweg abwärts rollen und erreichen nach etwa 4 km die **Talsperre Sosa** ❺. Ein kleiner Abstecher weist zur Gaststätte „Zum Meiler". Die Tour führt uns wieder bis zur Hauptstraße S272 nach links. Nun durchqueren wir das Dörfchen Sosa bis zur Gaststätte „Schützenhaus", vor der wir rechts in die Bockaer Straße einbiegen. Flott geht es entlang des Sosabachs ins Tal bis hinunter zur Zwickauer Mulde. Nach ca. 3 km kommen wir an die Muldenhäuser.
Wir halten uns rechts flussabwärts. Nach weiteren 3 km gelangen wir an die B283 an der Brücke über die Zwickauer Mulde. Wir überqueren die Brücke und biegen unmittelbar danach nach links in Richtung Gaststätte „Rechenbach" ab. Von ihr aus folgen wir dem **Floßgraben** ❻ oberhalb der Zwickauer Mulde. Etwa 6 km bleiben wir auf diesem romantischen Weg. Vorsicht ist aber geboten! Teils ist er sehr schmal. Außerdem ist er auch bei Wanderern sehr beliebt. Der Weg stößt in Aue auf die Ricarda-Huch-Straße. Weiter orientieren wir uns am Floßgraben und unterqueren die Zschorlauer Straße. 150 m später führt eine kleine Brücke über den Zschorlaubach. Dort biegen wir rechts ab und erreichen nach etwa 2,5 km eine Denkmalanlage in Aue. Mit geschobenen Rädern geht es hinab zur Gellertstraße. Ihr folgen wir rechts zur Einmündung in die Auerhammerstraße. Auf ihr biegen wir links ab in Richtung Stadtzentrum. An der Ampelkreuzung halten wir uns geradeaus auf dem Postplatz. Vor dem Postgebäude schwenken wir links auf die Poststraße. Auf ihr rollen wir bis zur Schillerbrücke über die Zwickauer Mulde. Nach der Schillerbrücke fahren wir links zum Ziel unserer Tour, zum **Bahnhof Aue** ❼.

VI RADWANDERN IM ERZGEBIRGE / TOUR 1/2

SÜDEN / OSTEN VI

2 Auf Taltour durchs Gebirge

TOURINFO KOMPAKT

Anspruch:	Länge:	Dauer:	Höhenmeter:
mittel	37,3 km	5:00 Std.	▲ 790 ▼ 890

Eine Radtour durch die malerischen Täler von Schwarze Pockau, Lauterbach und Flöha, die aber ohne einige Höhenmeter trotzdem nicht auskommt.

Ausrüstung: Regensachen, Getränke, Verpflegung

Anfahrt mit dem Auto: Von Chemnitz auf der B95 bis zur Heinzebank. Von dort weiter auf der B101 Richtung Freiberg, in Pockau etwa 100 m rechts auf die Flöhtalstraße bis zum Parkplatz am Bahnhof.

Anfahrt mit Bus & Bahn: Von Hohenfichte nach Chemnitz bzw. nach Pockau-Lengefeld mit der Bahn-Strecke 519.

Ausgangspunkt: Bahnhof Pockau Lengefeld
50° 42' 24,5"   13° 13' 31,5"
33U   RW 374699   HW 5618723

Einkehr: Landgasthof „Zur Damm-Mühle", Augustusburger Straße 101, 09514 Lengefeld, Tel.: 03 73 67 / 8 62 60, www.zur-dammuehle.de, tgl. ab 10.30 Uhr, Di Ruhetag.

Vom S Bahnhofsvorplatz fahren wir links über die Güterbahnhofstraße und die Straße der Einheit bis zum Fischereiweg. Dort lohnt ein Abstecher, etwa 100 m nach links, zur **alten Amtsfischerei** ❶. Die Haupttour schwenkt aber nach rechts bis zur Flöhatalstraße. Auf ihr fahren wir links bis zur Einmündung des Mühlenwegs auf der rechten Seite. Nach einigen hundert Metern erreichen wir das **Technische Museum Ölmühle** ❷. Wir halten uns am Bachlauf der Pockau. An der Strobelmühle wartet ein Hochseilgarten. Der Talweg entlang der Schwarzen Pockau bringt uns bis zur **Burgruine Niederlauterstein** ❸. Dort ist das gemütliche Radeln erstmal vorbei. Rechts führt eine bis zu 18 % steile Straße hinauf nach Niederlauterstein. Entlang der Niederlautersteiner Straße fahren wir Richtung Lauterbach zur Kirche. An der Kreuzung in der Ortsmitte nehmen wir die Straße nach links in Richtung Oberdorf. Nach etwa 700 m passieren wir die **Destillation & Likörfabrik Ernst F. Ullmann** ❹, die den berühmten (und berüchtigten) Lauterbacher Tropfen herstellt. Die Straße führt weiter aufwärts. Etwa 500 m nach Ortsausgang ist der höchste Punkt unserer Tour erreicht. Immerhin

VI RADWANDERN IM ERZGEBIRGE / TOUR 2

OSTEN / POCKAU LENGEFELD VI

haben wir auf diesem relativ kurzen Stück vom Tal der Pockau gut 250 Höhenmeter hinter uns gebracht. Der Lohn: Von nun an geht es (fast) nur noch abwärts. Kurz vor der Ortsumgehung Marienberg biegen wir im spitzen Winkel rechts ab. Auf diesem Weg erreichen wir die B101, die wir im schrägen Winkel überqueren. Nun geht es weiter abwärts zur **Talsperre Neunzehnhain II** ❺, die wir passieren, und dann rechts über die Staumauer wechseln. Weiter geht es nach links. Im Tal des Lauterbachs rollen wir zur **Talsperre Neunzehnhain I** ❻. Die Straße passiert den Landgasthof „Zur Damm-Mühle", dann kurz nach links und nach der Brücke wieder rechts. Dieser Forstweg führt uns ins Flöhatal. Wir überqueren das Flüsschen und erreichen den Bahnhof Reifland-Wünschendorf. Von hier ab bleiben wir konsequent im Flöhatal. Entlang des Flöhatalradweges ist unser nächstes Zwischenziel die **Mühlenanlage Floßmühle** ❼. Wir nutzen weiterhin die Flöhatalstraße bis Grünhainichen. Lohnend ist hier ein Abstecher zum Technischen Denkmal Spanziehmühle. Dazu müssen wir nach Überqueren der Brücke geradeaus auf der Mühlenstraße einen 500 m langen, recht steilen Anstieg nehmen. Die eigentliche Tour bleibt im Tal bis zur nächsten Brücke an der Chemnitzer Straße. Dort radeln wir links zum Bahnhof Grünhainichen-Borstendorf. Auf der Straße Am Güterbahnhof passieren wir eine Papierfabrik und gelangen nach etwa 1 km an den Abzweig zur **Rochhausmühle** ❽, einer mit sehr viel Liebe restaurierten Mühlenanlage. (Auch dieser 1 km Abstecher lohnt sich.) Wir bleiben nach der Bahnunterführung weiter auf dem Flöhatalradweg. In Leubsdorf fahren wir die Hauptstraße kurz nach links und an der nächsten Kreuzung rechts nach Höllmühle. Wir folgen dem Radweg bis zum Loheweg. 50 m später verweist ein Schild auf den Radweg nach Hohenfichte. Auf diesem Waldweg rollen wir zum Zielpunkt unserer Radtour, dem Haltepunkt Hohenfichte. Von hier aus können wir mit der Erzgebirgsbahn zum Ausgangspunkt zurückfahren (falls wir unser Auto dort abgestellt haben).

RADWANDERN IM ERZGEBIRGE / TOUR 3

3 Rund um Seiffen

TOURINFO KOMPAKT

Anspruch:	Länge:	Dauer:	Höhenmeter:
leicht	20,5 km	3:30 Std.	▲ 450 ▼ 450

Eine ideale Tour für die ganze Familie. Das Spielzeugdorf und seine Umgebung im Fahrradsattel erkunden.

Ausrüstung: Regensachen, Getränke

Anfahrt mit dem Auto: Von Chemnitz auf der B174 nach Marienberg, weiter auf der B171 nach Olbernhau von dort nach Seiffen.

Anfahrt mit Bus & Bahn: Von Olbernhau mit der Buslinie 453.

Ausgangspunkt: Parkplatz Jahnstraße
50° 39′ 03″   13° 26′ 47″
33U   RW 390170   HW 5612149

Einkehr: Gasthaus An der Kirche, Bergstraße 18, 09548 Deutschneudorf, Tel.: 0 37 35 68 / 1 27 18, www.gasthaus-wagner.deutschneudorf.net, tgl. ab 11 Uhr.

Wir starten am 🅢 Parkplatz Jahnstraße oberhalb des Spielzeugmuseums. Wir radeln die Jahnstraße etwa 400 m talwärts, vorbei am **Gasthof Wettinhöhe** ❶. Wir bleiben auf der Straße Wettinhöhe weiter geradeaus, bis nach links ein Weg, ebenfalls Wettinhöhe genannt, zurück ins Dorf führt. Auf ihm gelangen wir auf die Hauptstraße talwärts. An der ersten größeren Fahrstraße nach links, dem Gärnrockenweg, biegen wir ab. Auf ihm rollen wir nun bis nach Oberseiffenbach. An der **Pension Wildbacher Hof** ❷ halten wir uns rechts auf die Wildbacher Straße. Auf ihr fahren wir bis ins Tal nach Oberlochmühle. Von Oberlochmühle Richtung Deutschkatharinenberg führt ein regionaler Radweg, dem wir durchs Tal folgen. In Deutschkatharinenberg passieren wir das **Besucherbergwerk „Fortuna-Stollen"** ❸, in dem auch die Suche nach dem legendären Bernsteinzimmer eine Rolle spielt. Weiter geht es auf dem regionalen Talweg Richtung Osten. Erst fahren wir durch Deutschneudorf, dann folgt **Deutscheinsiedel** ❹. In den Deutscheinsiedel halten wir uns auf der wenig befahrenen Straße links Richtung Neuhausen. Hier müssen wir nun die Höhenmeter wieder „reinholen", die wir verschenkt haben. Vorbei am Berghof und dem **Waldgasthof Bad Einsiedel** ❺ erreichen wir vor einer Rechtskurve den Fahrweg zum Schwartenberg. Wir fahren dort geradeaus, aber nur ca. 300 m. Wer nun auf den Berg will, muss halblinks die Zufahrt nutzen. Wir biegen halbrechts auf den kleineren

OSTEN / SEIFFEN VI

Weg ein und umrunden den Berg, uns immer wieder links haltend. Wenn der Schwartenberg links von uns liegt, rollen wir den Fahrweg in Richtung Seiffen. Über den Glashüttenweg nach rechts kommen wir zurück ins Ortszentrum. Wir treffen auf eine Kreuzung mit der Bahnhofstraße, fahren geradeaus und sind damit wieder auf der Jahnstraße, dem Ausgangspunkt unserer Tour.

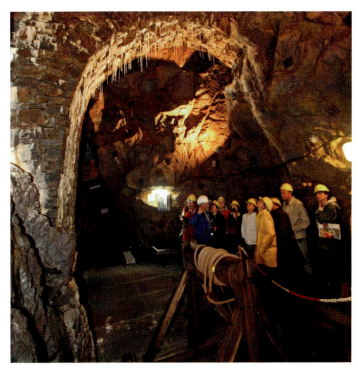

▶ *Im Besucherbergwerk „Fortuna-Stollen".*

VI RADWANDERN IM ERZGEBIRGE / TOUR 3/4

OSTEN / SEIFFEN / MITTE / SCHLETTAU VI

4 Aufs Dach Sachsens

TOURINFO KOMPAKT

Anspruch:	Länge:	Dauer:	Höhenmeter:
mittel	38,1 km	5:00 Std.	▲ 860 ▼ 860

Die 650 Höhenmeter verlangen ein Stück Kondition. Dafür entschädigen eine schöne Route und der Blick von Sachsens höchstem Berg.

Ausrüstung: Regensachen, Getränke, Verpflegung

Anfahrt mit dem Auto: Von Chemnitz nach Annaberg-Buchholz auf der B95, weiter auf der B101 nach Schlettau.

Anfahrt mit Bus & Bahn: Von Chemnitz nach Annaberg-Buchholz Buslinie 210; von Annaberg-Buchholz nach Schlettau mit Buslinie 412/415. Alternativ mit der Erzgebirgsbahn bis Annaberg-Buchholz Süd. Von dort sind es zum Startpunkt nur gute 3 km mit dem Rad.

Ausgangspunkt: Marktplatz Schlettau
50° 33' 36,5" 12° 57' 06,5"
33U RW 354930 HW 5602915

Einkehr: Waldgaststätte Siebensäure, Siebensäurestraße 23, 09465 Sehmatal OT Neudorf, Tel.: 03 73 42 / 82 00, www.waldgaststaette-siebensaeure.co.de, tgl. ab 10.30 Uhr, Di Ruhetag.

Vom 🛈 Rathaus der Stadt fahren wir etwa 200 m auf der B101 in Richtung Annaberg, um dann sofort nach der Brücke über die Zschopau rechts abzubiegen. Ab hier sind wir auf dem Zschopautalradweg unterwegs, der uns, gut ausgeschildert, bis auf den Gipfel des Fichtelbergs begleiten wird. Nachdem er anfangs die Straße nach Waltherdorf nutzt,

▶ Blick über Schlettau zum Scheibenberg.

VI RADWANDERN IM ERZGEBIRGE / TOUR 4

verlässt er diese bereits vor dem **Museumsbahnhof Walthersdorf** ❶ nach rechts. Zumeist abseits der Hauptstraße begleitet er uns nun durch Walthersdorf und Crottendorf. Vor dem **Crottendorfer Schnapsmuseum** ❷ geht es scharf nach rechts, ein Besuch lohnt, und dahinter auf einer Nebenstraße wieder nach links. Wir überqueren die Verbindungsstraße zwischen Crottendorf und Scheibenberg, fahren weiter geradeaus auf der Zschopaustraße. Im Hochwald geht die Straße stetig bergauf. Aus der Zschopaustraße wird die Gifthüttenstraße. Nach ca. 6 km, unterhalb des Fichtelberges, biegt der Zschopatalradweg nach rechts ab. Auf der Hirschpfalzstraße, teils eine Sommertrainingstrecke für Rollerski, radeln wir zur Sachsenbaude. Auch das letzte Stück bis zum Gipfel entlang der Fichtelbergstraße hat es in sich. Auf der ersten Hälfte der Tour wird uns schon einige Kondition abverlangt. Auf dem **Fichtelberg-Plateau** ❸ wartet dafür ein tolles Erzgebirgspanorama, das sich nach dem Aufstieg auf den Aussichtsturm auf 360 Grad erweitert. Bei toller Fernsicht ist sogar das Leipziger Völkerschlachtdenkmal zu sehen (so sagt man...).

Für den Rückweg biegen wir kurz nach der Wetterwarte auf einen Weg, der mit Blaustrich/Kamm markiert ist. Der bringt uns nach einem guten Kilometer an der sogenannten Ausrücke zurück auf den Zschopautalradweg. (Sollte es

MITTE / SCHLETTAU VI

▶ *Bahnhofsmuseum in Waltersdorf.*

schwierig werden, diese Abzweigung zu finden, kann man den gleichen Weg vom Gipfel nehmen, den man gekommen ist.) Dem folgen wir etwa 2 km bis zu einer Wegekreuzung, an der nach rechts der Firstenweg in Richtung Siebensäure abbiegt. Ab hier nutzen wir diesen beliebten Wander- und Radweg fast 15 km. Nach etwa 2 km passieren wir die **Wandergaststätte Siebensäure** ❹. Danach führt uns der Firstenweg oberhalb von Crottendorf und Waltherdorf in Richtung Schlettau. Unweit der B101, links im Tal, grüßt bereits Schlettau, biegt ein Grünstrichweg auf direktem Weg nach Schlettau ab und begleitet uns hinab in das Städtchen. Im Ort treffen wir wieder auf den Zschopautalradweg, der uns noch ein Stück begleitet. Nun haben wir nur noch wenige Umdrehungen in die Pedale zu treten und der Ausgangspunkt ist erreicht.

VI RADWANDERN IM ERZGEBIRGE / TOUR 5

5 Wildromantische Täler und dampfende Rösser

TOURINFO KOMPAKT

Anspruch:	Länge:	Dauer:	Höhenmeter:
mittel	47,3 km	4:00 Std.	▲ 950 ▼ 950

Wunderschöne, erholsame Tour mit familienfreundlichem Profil. Man muss sie halt nur hin- und zurückfahren. Wegen des Zuganschlusses inkl. Radtransport.

Ausrüstung: Regensachen, Getränke, Verpflegung

Anfahrt mit dem Auto: Von Annaberg auf der B95 Richtung Oberwiesenthal. ca. 1 km nach dem Ortsausgangsschild links Richtung Königswalde, dann der Ausschilderung nach Jöhstadt und durch den Ort abwärts zum Bahnhof folgend.

Anfahrt mit Bus & Bahn: Erzgebirgsbahn von Chemnitz bzw. Annaberg nach Wolkenstein.

Ausgangspunkt: Bahnhof Wolkenstein.
50° 39′ 11,5″   13° 03′ 51,5″
33U   RW 363168   HW 5613048

Einkehr: Gasthof Schlösselmühle, Schlösselstraße 60, 09477 Jöhstadt, Tel.: 03 63 43 / 26 66, tgl. ab 11 Uhr, Mo Ruhetag; www.schloesselmuehle.fr

Vom 🅢 Bahnhof Wolkenstein radeln wir ca. 150 m auf der B101 Richtung Annaberg-Buchholz, um dann die viel befahrene Straße sofort nach links in Richtung Streckewalde zu verlassen. Auf der Streckewalder Straße, die sich erst entlang der Zschopau und dann entlang der Preßnitz schlängelt, fahren wir etwa 4 km bis zu einem **Wanderparkplatz** ❶ in Streckewalde. Dort beginnt der Wander-/Radweg durchs Preßnitztal. Ausgeschildert vom Annaberger Landring, wird er uns von nun an bis Jöhstadt begleiten. Wichtig ist nur, dass wir immer die Variante wählen, die im Tal bleibt und in vielen Teilabschnitten die ehemalige Bahnstrecke der Kleinbahn von Wolkenstein nach Jöhstadt nutzt. Er führt uns zuerst nach **Niederschmiedberg** ❷ und von dort weiter nach Mittel- und Oberschmiedeberg. Nach zwei Kilometern gibt es einen kurzen steilen Anstieg. In Steinbach trifft er auf die Museumsbahn, die nun wieder von hier bis Jöhstadt dampfend durchs Tal rollt und einer der Hauptanziehungspunkte der Region ist.
Mit zahlreichen Brücken folgt der Radweg dem Preßnitztal und ist wohl einer der attraktivsten Bahntrassenwege der Region. Der Preßnitztal-Radweg ist in etwa parallel zur Museumsbahn gut beschildert, nur zwei kurze Anstiege verlangen etwas Einsatz. Ansons-

NORDEN / WOLKENSTEIN VI

▶ *Immer wieder am Wegesrand – das Erlebnis Museumsbahn.*

ten führt zwar der gesamte erste Abschnitt von Wolkenstein nach Jöhstadt stetig, aber dafür sehr, sehr moderat nach oben.
Hinter Schmalzgrube passiert der Radweg das **Besucherbergwerk „Andreas-Gegentrum-Stolln"** ❸. Kurz vor Jöhstadt erreichen wir den **Gasthof Schlösselmühle** ❹, daneben einen kleinen Bahnhof. Unweit davon befindet sich auch das Museum der Bahnfreunde. Nun ist es nur noch ein kleiner Sprung bis zum **Bahnhof Jöhstadt** ❺.

Zurück fahren wir auf den gleichen Wegen, nur geht es nun fast durchweg bergab. Da rollt es sich fast von selbst.
Wer sich die Fahrradkilometer etwas verkürzen will, kann von Steinbach mit der Bimmelbahn bis Jöhstadt zuckeln. Eine tolle Gelegenheit zum Luftholen. Das spart immerhin sieben Kilometer. Doch auf dem Rückweg sollte man sich diesen besonders schönen Teilabschnitt der Tour unbedingt auf dem Drahtesel gönnen.

VI RADWANDERN IM ERZGEBIRGE / TOUR 5/6

NORDEN / WOLKENSTEIN / MITTE / SCHLETTAU VI

6 Zwischen Felsen und Badespaß

TOURINFO KOMPAKT

Anspruch:	Länge:	Dauer:	Höhendifferenz:
mittel	36,1 km	5:00 Std.	▲ 840 ▼ 840

Ob Badespaß, Felsenwelt und/oder Museumsbesuch: Auf dieser Rundfahrt rund um die Greifensteine steht Ihnen die Entscheidung frei.

Ausrüstung: Regensachen, Getränke, Verpflegung

Anfahrt mit dem Auto: Von Chemnitz auf der B95 bis Annaberg, weiter auf die B101 Richtung Aue bis Schlettau.
Anfahrt mit Bus & Bahn: Von Chemnitz nach Annaberg mit Linie 210, weiter nach Schlettau mit Buslinie 415.

Ausgangspunkt: Schloßpark Schlettau
50° 33' 38"   12° 57' 03,5"
33U   RW 354873   HW 5602963

Einkehr: Pension Waldschänke
09468 Geyer, Elterleiner Straße 74
Tel.: 03 73 46 / 61 90
www.pension-waldschaenke.de
tgl. ab 11 Uhr

▶ *Ausflugsbähnlein vor der Staumauer des Greifenbachstauweihers.*

VI RADWANDERN IM ERZGEBIRGE / TOUR 6

Wir verlassen den 🅢 **Schlosspark** und halten uns rechts auf dem Zschopautalweg Richtung Tannenberg. In **Tannenberg** ❶ fahren wir links auf der Sächsischen Silberstraße Richtung Geyer. Nach gut 1 km verlassen wir die Straße auf dem Lohenbachweg nach links. Nach 2 km treffen wir auf die Verbindungsstraße zwischen Geyer und Elterlein. An der **Gaststätte Waldschänke** ❷ fahren wir diese Straße etwa 100 m nach links, um sie dann rechts wieder zu verlassen. An der nächsten Abzweigung halten wir uns links, 200 m später bleiben wir geradeaus und fahren nun auf der Körnerstraße bis zur Verbindungsstraße Gey-

MITTE / SCHLETTAU VI

er/Zwönitz. An der **Königstanne** ❸ 100 m rechts auf dieser Straße und dann sofort wieder links, vorbei am Fernsehturm und auf der II-Schneise immer geradeaus bis zur Gifthütte und der **Jugendherberge Hormersdorf** ❹. Wir nehmen nicht die erste Fahrstraße rechts, die direkt zum Greifenbachstauweiher führt, sondern den zweiten Weg nach rechts auf Blau- und Gelbstrich. Auf dem radeln wir bis hinauf an die **Greifensteine** ❺ mit dem Naturtheater. Von dort fahren wir dann wieder 150 m zurück, um links auf den Europäischen Wanderweg einzuschwenken. Nach etwa 200 m sehen wir die Staumauer des **Greifenbachstauweihers** ❻. Wer baden will, muss nach rechts einen kleinen Abstecher einbauen, ansonsten geht es nach links in den Wald und immer in Richtung Geyer dem EB nach. Dieser biegt in Geyer links in Richtung **Binge** ❼ ab. Wer das Wachturmmuseum besuchen möchte, muss noch etwa 200 m Richtung Ortsmitte radeln. Der Wanderweg führt an der Binge weiter in Richtung Tannenberg. Dort stoßen wir auf die Ortsstraße, müssen uns erst in einer Spitzkehre links halten,

▶ *Die Felsengruppe der Greifensteine ist auch ein beliebtes Kletterrevier.*

bevor der EB nun als RSM (Radweg Sächsisches Mittelgebirge) den Berg hinauf zum **Naturschutzzentrum Erzgebirge** ❽ führt. 200 m später begleitet uns der RSM inklusive Hinweisschilder, nun Landwirtschaftsstraßen nutzend, über die Höhe mit tollen Blicken übers Erzgebirge und auf Annaberg-Buchholz sowie Schlettau. Letztlich erreichen wir mit ihm wieder die B101 in Schlettau. Jetzt sind es nur noch einige hundert Meter zurück zum Schloss und unserem Ausgangspunkt.

VI RADWANDERN IM ERZGEBIRGE / TOUR 7

7 Museumstour mit dem Rad

TOURINFO KOMPAKT

Anspruch:	Länge:	Dauer:	Höhenmeter:
mittel	26 km	3:30 Std.	▲ 540 ▼ 540

Auf dieser Tour können viele verschiedene Museen erkundet werden. Landschaftlich besonders schön ist das Tal der Mühlen.

Ausrüstung: Trekkingrad oder Mountainbike, Helm

Anfahrt mit dem Auto: aus Dresden über B170 B 171; aus Chemnitz – Freiberg S 184

Anfahrt mit Bus & Bahn: von Dresden aus mit Buslinie 735, 731 und 723

Ausgangspunkt: Marktplatz in Frauenstein
50° 48' 07"   13° 32' 16"
33U   RW 396963   HW 5628820

Einkehr: Gaststätte „Weicheltmühle", Gasthaus „Buschhaus", Bierkeller, Sächsischen Brauereimuseum, Café Dienel; Hotels „Goldener Löwe, Goldener Stern, Frauensteiner Hof, Café Schmieder, Café Am Markt

---

Vom S Marktplatz in Frauenstein beginnen wir unsere Tour entlang der Teplitzer Straße, fahren rechts auf die B 171 und biegen nach ca. 50 m links auf die Kammstraße in Richtung Hermsdorf ab. Nach 2 km bei Wegweiser **„Illingmühle"** ❶ fahren wir nach rechts. Hier führt der Schlüsselweg durch das romantische Mühlental an historischen Mühlen (Sägemühle Illingmühle, Getreidemühle & Gaststätte **„Weicheltmühle"** ❷) vorbei. Zirka 1 km nach der letzten Mühle geht es links bergauf nach Hermsdorf. Nachdem wir das **Gasthaus „Buschhaus"** ❸ erreicht haben, biegen wir rechts in die Dorfstraße ein, folgen dieser, überqueren die Hauptstraße und fahren hinab bis zum **Bauern- u. Heimatmuseum** ❹. Von hier führt die Dorfstraße hinab bis zur Tourist-Info. Wir biegen zuvor rechts bei der Kirche auf die Kalkwerkstraße ab, überqueren die Hauptstraße und radeln bis zum **Kalkwerk** ❺. Der Kalkstraße folgend, fahren wir bis zum Abzweig Proßweg (Schutzhütten), biegen in diesen in Richtung Rechenberg ab. Wir fahren nun bis zur Kreuzung Rechenberger Weg (Vorsicht, steile Abfahrt!) zum **Sächsischen Brauereimuseum** ❻.
Auf gleichem Weg zurück begeben wir uns, den Proßweg und später die B171 überquerend, nach Nassau auf die Dorfstraße. Geradeaus gelangen wir auf die

OSTEN / FRAUENSTEIN VI

B 171, auf der wir links folgend wieder nach Frauenstein kommen. Biegen wir jedoch links in die Dorfstraße ein, gelangen wir zum **Café Dienel** (50 m Kirche) ❼. Von hier aus gelangen wir über die Dorfstraße (200 m) rechts auf die Schäfergutstraße, welche wir zur B 171 befahren. Der Weg führt uns dann wieder nach Frauenstein.

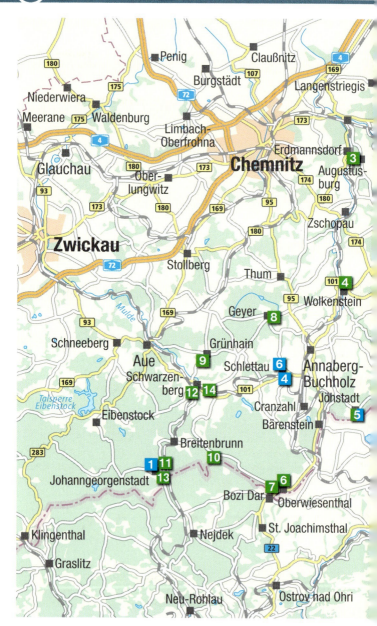

TOURENÜBERSICHT

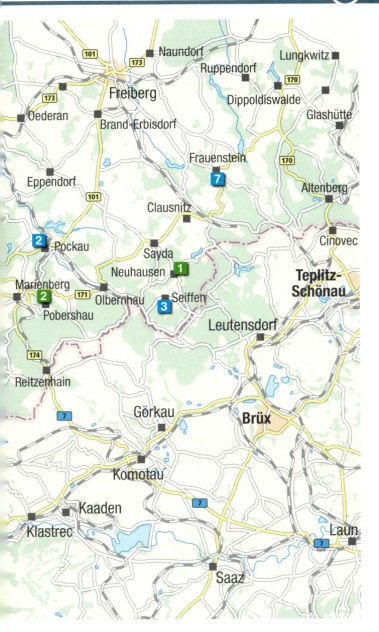

REGISTER

A
Altenberg 16, 85, 88/89
Annaberg-Buchholz 6, 8/9, 15,18, 23-27, 32-38, 45, 97, 115, 185
Aue 18, 25-27, 100/101
Augustusburg 62-64, 119-121

B
Bad Elster 20
Bad Schlema 25, 103/104
Bärenstein 74/75
Brand-Erbisdorf 80
Breitenbrunn 70-72, 150-153
Burg Hassenstein 26
Burg Rauenstein 97
Burg Scharfenstein 11, 25, 151

C
Crottendorf 76/77

D
Deutschneudorf 94/95
Dippoldiswalde 84, 86/87
Drebach 57-59

E
Ehrenfriedersdorf 25, 45/46, 58, 142-145
Eibenstock 17, 101-103, 154-157

F
Frauenstein 85, 186/187
Freiberg 6, 25-27, 78-80, 97
Freital 84

G
Gelenau 55-57
Geyer 17, 42-44, 142-145, 183-185
Glashütte 87/88
GPS-Daten 21

Großrückerswalde 99
Grünhain-Beierfeld 114, 146-149
Grünhainichen 61/62, 173

J
Johanngeorgenstadt 16, 72/73, 154-157
Jöhstadt 74/75, 130-133, 180-182

K
Karlsbad 67
Kloster Grünhain 39
Kloster St. Annaberg 24
Königswalde 74/75

L
Lengefeld 97/98, 171-173
Lichtenstein 109-111

M
Marienberg 6, 17, 27, 48-51, 98/99
Markersbach 24, 108, 115, 158-161
Mildenau 38

N
Neuhausen 10, 93/94, 116-118

O
Oberwiesenthal 16, 18, 25, 45, 66-70, 88, 134-137, 138-141, 177-179
Oelsnitz 107-109
Olbernhau 18, 25, 84, 95/96
Oederan 64/65

P
Pobershau 98/99, 122-125
Pockau 96/97, 171-173

REGISTER / BILDNACHWEIS

R
Raschau 115, 165
Rechenberg/Bienenmühle 84-86
Rittersgrün 70, 150-153

S
Sayda 82-84
Schloss Augustusburg 10, 25, 42, 62-65
Schloss Dippoldiswalde 98
Schloss Frauenstein 84
Schloss Freudenstein 79
Schloss Hoheneck 107
Schloss Purschenstein 93
Schloss Schlettau 25/26, 39, 184
Schloss Schwarzenberg 111
Schloss Wildeck 52/53
Schloss Wolkenstein 11, 59-61, 126-129
Schneeberg 6, 25-27, 104-106
Schönfeld 46-747
Schönheide 106
Scharfenstein 27, 58, 127/128
Scheibenberg 41/42
Schlettau 38-40, 177-179, 183-185
Schmatal 75/76, 177
Schwarzenberg 27, 111-113, 115, 158-161
Seiffen 9, 10, 23, 78, 84, 89-93, 95, 174-176
Stollberg 25, 106/107

T
Tannenberg 40/41
Telefhäuser 150-153
Thermalbad Wiesenbad 46-48
Thum 54/55

W
Warmbad 60/61, 126/127
Waschleithe 114/115
Wolkenstein 24, 59-61, 126-129, 180-182

Z
Zinnwald 6, 88/89
Zöblitz 94
Zschopau 52-54
Zwickau 22, 109
Zwönitz 113-114, 146

Bildnachweis:

Alle Bilder stammen vom Autor Axel Scheibe außer:
48, 50, 51, 60, 71, 73, 77, 85, 88, 90, 92, 100, 102, 103, 104, 108, 127, 128, 139, 147, 159, 164, 165, 181

Lars Rosenkranz: 108
Uwe Meinhold: 128
Ronny Schwarz: 139
Bernd Maerz: 181

IMPRESSUM

DER AUTOR

Als Tourismusjournalist und Bildreporter ist Axel Scheibe rund um den Globus unterwegs. Verschiedene Reiseführer stammen ebenso aus seiner Feder wie Berichte und Reportagen in zahlreichen Tageszeitungen und Magazinen. Als „alter" Erzgebirger hat er sich die Liebe zu seiner Heimat erhalten und nutzte freie Tage gern zu Entdeckungstouren zwischen Schöneide und Altenberg. Und zu entdecken gibt es immer wieder etwas Neues.

Liebe Leserinnen, liebe Leser,

haben Sie Ergänzungen, Tipps oder Verbesserungsvorschläge zu diesem Buch? Dann schreiben Sie uns bitte:

PUBLICPRESS Publikationsgesellschaft mbH
Redaktion, Mühlenstraße 11, 59590 Geseke
E-Mail: reisefuehrer@publicpress.de

Interessenten für Anzeigen wenden sich bitte an: PUBLICPRESS Publikationsgesellschaft mbH, Tel. 0 29 42 / 9 88 70-16, info@publicpress.de

Projektleitung: Heinz Nettsträter, Jürgen Wissel
Autor: Axel Scheibe
Redaktion: Karin Schlüter, Sandra Olschewski, Sven Dunker, Janina Kröger
Reihenkonzeption: Sandra Olschewski
Kartographie/Copyright: PUBLICPRESS Publikationsgesellschaft mbH
Gestaltung: Melanie Schmidt, Ingo Mrozek

Alle Angaben dieses Reiseführers wurden von der Autorin und der Redaktion mit größter Sorgfalt recherchiert, aktualisiert und überprüft. Für die Richtigkeit der Angaben kann jedoch keine Verpflichtung oder Haftung übernommen werden. Wir weisen darauf hin, dass diese Angaben häufig Veränderungen unterworfen sind und inhaltliche Fehler oder Auslassungen nicht vollkommen auszuschließen sind. Das Werk einschließlich aller seiner Teile ist urheberrechtlich geschützt. Jegliche Verwertung, Vervielfältigung, Wiedergabe, Übersetzung, Mikroverfilmung und Verarbeitung in elektronischen Systemen, auch in Auszügen, ist ohne Zustimmung des Verlages unzulässig und strafbar.

© 2014 PUBLICPRESS Publikationsgesellschaft mbH, Geseke
Printed in Germany, 1. Auflage 2014, ISBN 978-3-89920-824-5